ॐ

SANSKRIT NOUNS SABDA MANJARI

Ashwini Kumar Aggarwal

जय गुरुदेव

ISBN13: 978-93-5391-623-7 Paperback Edition
ISBN13: 978-93-5391-732-6 Hardbound Edition
ISBN13: 978-93-5391-854-5 Digital Edition

Title: **Sanskrit Nouns Sabda Manjari**

Printed and Published by Ashwini Kumar Aggarwal
The Art of Living Centre
34 Sunny Enclave, Devigarh Road
Patiala 147001, Punjab, India

https://advaita56.weebly.com/
Devotees of Sri Sri Ravi Shankar Ashram

https://www.artofliving.org/

8th Oct 2019, Dussehra, Vijaya Dashami, Durga Visarjana
Ashwin Masa, Shukla Paksha, Shravana Nakshatra, Dakshinayana
Vikram Samvat 2076 Paridhavi, Saka Era 1941 Vikari

1st Edition October 2019

जय गुरुदेव

Dedication

At the lotus feet of my Master

Param Pujya

Sri Sri Ravi Shankar

Acknowledgements

Swamini Brahmaprakasananda of AVG Nagpur for the excellent Grammar classes as part of the three-year Vedanta course.

9th November 2014, 8:08pm. Room No 14. Boys Hostel.

Preface

Sanskrit has an amazing ability to place words anywhere in a sentence, without any punctuation, and yet keep the meaning intact. This is due to its inflectional system of grammar.

However, in English, the placement of words is rather fixed.

What does it mean? Firstly, that in English the Nouns maintain their spellings across usage and communication in the matter of being in the Subject or the Object or Instrument position, whereas in Sanskrit, the same Noun would change its spelling as its purpose changes.

This book has been specifically written to make the reader aware of the noun spellings that undergo change as per usage, in an easy to follow intuitive matrix format.

For the advanced Sanskrit learner this text serves a fundamental purpose from the Panini Grammar point of view, as it lists the common nouns as they change spellings when the gender has changed masculine, feminine or neuter; or the case has changed nominative, accusative, instrumental etc.

Blessing

Truth is hidden between the consonant and the vowel. Sanskrit, the oldest of languages, is organized in such a way that it fits Darwin's theory of Evolution. The first letter of Sanskrit language is अ (a), which is what every child says. The last of the vowels is अः (aḥ). What is the sound that comes when you laugh? Aha ha ha!

So, in laughter the entire language is present, from अ to अः।

There was some research done in England; scientists found that Sanskrit language is very suitable for neuro-linguistic functions. For about ten years, scientists were trying to understand why people with a base in Sanskrit are very sharp at mathematics and calculations. Do you know about 60% of the English language follows Sanskrit? If you see the roots of the English words, most of them are Sanskrit based. स्वसा is sister, भ्राता is brother, पिता is father and **Māta** is Mother. If you draw parallels like these, you will realize that the base of English is the Sanskrit language.

H H Sri Sri Ravi Shankar
Guru Poornima week, American Ashram
July 26, 2013, Boone, North Carolina

Prayer

Sanskrit texts usually begin with a prayer that surely aids in one's study. As we certainly feel, at least in the back of the minds, our efforts plus Divine grace paves the path for one's success.

येनाक्षर–समाम्नायम् अधिगम्य महेश्वरात् ।
कृत्स्नंव्याकरणं प्रोक्तं तस्मै पाणिनये नमः ॥
By whom the letters of the alphabet were cognized and collected, as directed by Lord Shiva; the one who spoke upon and elucidated the grammar, to that sage Panini my humble salutations.

वाक्यकारं वररुचिं भाष्यकारं पतञ्जलिम् ।
पाणिनिं सूत्रकारञ्च प्रणतोऽस्मि मुनित्रयम् ॥
The vartika elaborations writer Vararuchi, the great commentator Patanjali, and the original verse giver Panini, to the trio my grateful appreciations.

Table of Contents

Introduction

Semantics is simply the meaning that one understands. Meaning अर्थ will depend not only on the **words** शब्द, but also on the tone of speaking, and the intention of the speaker. Further, meaning shall be colored by the bias or prejudice of the listener, of his knowledge or lack for the topic under discussion.

Syntax पदक्रमनियम is the placement of words in a वाक्य **sentence**. In English, this can change the meaning entirely, *India is in Asia. Asia is in India*. Both sentences convey opposing meaning. However in Sanskrit, an **inflective** language, we can place the words just about anyway.
भारतः जम्बूद्वीपे अस्ति । जम्बूद्वीपे भारतः अस्ति ।

vocabulary
India भारतः , Asia जम्बूद्वीपः , is अस्ति , in Asia जम्बूद्वीपे ।

> However this introduces a spelling change of the same word, जम्बूद्वीपः , जम्बूद्वीपे । To learn Sanskrit, we must know that each word changes its spelling as per context, hence syntax does not matter. Yet, what matters is the correct spelling of the same word in different sentences.

Meaning	Preposition/Question	Stem प्रातिपदिक = जम्बूद्वीप
1. Nominative	Who	जम्बूद्वीपः
2. Accusative	To / Whom	जम्बूद्वीपम्
3. Instrumental	By / How	जम्बूद्वीपेन
4. Dative	For / Whom	जम्बूद्वीपाय
5. Ablative	From / Whence	जम्बूद्वीपात्
6. Genitive	Of / Whose	जम्बूद्वीपस्य
7. Locative	In / Where	जम्बूद्वीपे

Meaning	Sanskrit Suffix, Singular सुँप् विभक्ति		Final word in sentence for stem प्रातिपदिक = राम
1. Subject or Doer	स्	Rama	रामः
2. Object	अम्	to Rama	रामम् , रामं
3. Means or Tool	आ	by Rama	रामेण
4. Recipient	ए	for Rama	रामाय
5. Point of Origin	अस्	from Rama	रामात्
6. Possessive	अस्	of Rama	रामस्य
7. Subject Matter	इ	in Rama	रामे

Notice that even though English is non-inflective, some pronouns change the spelling as per context in a sentence. This is called inflection, e.g. ***I-me-mine***, ***You-He-His***, whereas the word ***Rama*** remains unchanged in any sentence.

Layout and Plan

Sup Affixes Table 7x3 and Vocative

Similarly declined Stems

Template for Declension (if any)

Synonyms (if any)

Sandhi Notes (if any)

participles

verbs

adverbs

adjectives

सुप् प्रत्यय table

Case	सुप् प्रत्यय table with इत् Tag			without इत् Tag letters		
1	सुँ	औ	जस्	स्	औ	अस्
2	अम्	औट्	शस्	अम्	औ	अस्
3	टा	भ्याम्	भिस्	आ	भ्याम्	भिस्
4	ङे	भ्याम्	भ्यस्	ए	भ्याम्	भ्यस्
5	ङसिँ	भ्याम्	भ्यस्	अस्	भ्याम्	भ्यस्
6	ङस्	ओस्	आम्	अस्	ओस्	आम्
7	ङि	ओस्	सुप्	इ	ओस्	सु

सुप् प्रत्यय table mechanics of Tag letters. See Sutras

1	स् उँ	औ	ज् अस्	1.3.2 उपदेशेऽजनुनासिक इत् । 1.3.3 हलन्त्यम् । 1.3.4 न विभक्तौ तुस्माः । 1.3.5 आदिर्ञिटुडवः । 1.3.8 लशक्वतद्धिते ।
2	अम्	औ ट्	श् अस्	
3	ट् आ	भ्याम्	भिस्	
4	ङ् ए	भ्याम्	भ्यस्	
5	ङ् अस् इँ	भ्याम्	भ्यस्	
6	ङ् अस्	ओस्	आम्	
7	ङ् इ	ओस्	सु प्	

सुप् प्रत्यय Affixes modified in use by Sutras

<table>
<tr><td>1</td><td>स् उँ -> drops</td><td>औ</td><td>ज् अस् -> शि</td><td rowspan="7">1.1.42 शि सर्वनामस्थानम् ।
6.1.68 हल्ङ्याब्भ्यो दीर्घात् सुतिस्यपृक्तं हल् ।
8.2.66 ससजुषो रुः ।
8.3.15 खरवसानयोर्विसर्जनीयः ।</td></tr>
<tr><td>2</td><td>अम्</td><td>औ ट्</td><td>श् अस्</td></tr>
<tr><td>3</td><td>ट् आ</td><td>भ्याम्</td><td>भिस्</td></tr>
<tr><td>4</td><td>ङ् ए</td><td>भ्याम्</td><td>भ्यस्</td></tr>
<tr><td>5</td><td>ङ् अस् इँ</td><td>भ्याम्</td><td>भ्यस्</td></tr>
<tr><td>6</td><td>ङ् अस्</td><td>ओस्</td><td>आम्</td></tr>
<tr><td>7</td><td>ङ् इ</td><td>ओस्</td><td>सु प्</td></tr>
</table>

सर्वनामस्थानं प्रत्यय Affixes

Case	सुप् प्रत्यय table with इत् Tag				without इत् Tag letters		
1	सुँ	औ	जस्		स्	औ	अस्
2	अम्	औट्	शस्		अम्	औ	अस्
3	टा	भ्याम्	भिस्		आ	भ्याम्	भिस्
4	ङे	भ्याम्	भ्यस्		ए	भ्याम्	भ्यस्
5	ङसिँ	भ्याम्	भ्यस्		अस्	भ्याम्	भ्यस्
6	ङस्	ओस्	आम्		अस्	ओस्	आम्
7	ङि	ओस्	सुप्		इ	ओस्	सु

- The highlighted area is called सर्वनामस्थानं प्रत्यय । Sutra 1.1.42 सुडनपुंसकस्य ।
- Rest of the area is called असर्वनामस्थानं प्रत्यय ।
    a. Underlined Affixes are the Consonant beginning हलादि असर्वनामस्थानं प्रत्यय । Any Anga that faces these during word construction is called पद ।
    b. Unmarked affixes are the vowel beginning अजादि असर्वनामस्थानं प्रत्यय । Anga facing them is called भ ।

i.e., For the purposes of application of correct sandhi rule, in the अजादि प्रत्यय the अङ्ग that precedes the Affix is given the technical name भ by Panini. In the हलादि प्रत्यय, the अङ्ग that precedes the Affix is given the technical name पदम् by Panini.

See the application of Sandhi Rules:

- रामेन [3/1] by णत्वम् sandhi → रामेण ।

- Also in 7/3 form by षटुत्वम् sandhi रामेसु → रामेषु ।
- See मरुत् due to जश्त्वम् sandhi where झर् follows, there त् → द् and some places again the द् → त् due to चर्त्वम् sandhi.

A category of stems and words in Paninian Grammar are given the type of Sarvanama. These can be loosely translated to Pronouns in English, and many words in this category are actually Pronouns. However, Panini has made the सर्वनाम category to specifically provide the appropriate affixes for their correct declension.

In the Sup affixes table, there are 7x3 = 21 basic affixes. The words that fall under the Sarvanam category, by Sutra 1.1.27 सर्वादीनि सर्वनामानि । are all listed in the Ganapatha. These words have the first 5 Sup affixes modified out of the 21. E.g.

- the word राम is not of the pronoun category. It will take the 1/3 sup affix जस् ।
- the word सर्व belongs to the pronoun category. It wil take the modified 1/3 sup affix शि by sutra 1.1.42 शि सर्वनामस्थानम् ।

Karaka Vibhakti table

1	Subject, agent	Denoted by verb
2	Object	Accusative
3	By, with	Instrumental
4	To, for	Recipient
5	From, out of, than	Point-of-origin
6	Of, 's, among	Genitive (no karaka, unrelated to verb)
7	In, at, on	Locus

कारक-विभक्तिः

1	कर्त्ता	ने
2	कर्म	को
3	करणम्	से, के साथ
4	सम्प्रदानम्	के लिए, को
5	अपादानम्	से शुरु
6		
7	अधिकरणम्	मे, पर

For Understanding cases विभक्तिः , ask the correct Question. The verb क्रिया is the fulcrum कारक , that is denoted by every case except the 6th case. Let us use the Root दा to give, ददाति gives.

1	who	कः ददाति
2	what	किम् ददाति

3	how	केन ददाति
4	To whom	कस्मै ददाति
5	from	कस्मात् ददाति
6		
7	Where, when	कुत्र , कदा ददाति

- Rama gives a book by hand from his bag to a friend in the temple. In Sanskrit we write this sentence commonly as: In the temple, Rama from his bag, to a friend, by hand, a book gives.
- देवालये रामः स्युतात् मित्राय हस्तेन पुस्तकम् ददाति ।
- In the kitchen, Sita gave from the plate, with a ladle, sweets to Lata. पाकशालायां सीता स्थालिकायाः लतायै दर्व्या मधुरं ददाति ।

<u>Karaka = the factors related to action, i.e. the nouns related to the verb.</u>
<u>The 6th case is not related to the verb, rather it is related to another noun in the sentence.</u>

In any sentence, what is denoted by the verb takes 1st case.
In active voice कर्त्तरि, the agent is denoted and takes 1st case.

In passive voice कर्मणि, the object is denoted and takes 1st case, while agent takes 3rd case.

Masculine words can end in vowels अ, इ, उ, ऋ, ऐ, ओ, औ

अजन्तः पुंलिङ्गः शब्दाः wrt Maheshwar Sutras

अ, इ , उ	अ इ उ ण्	1
ऋ	ऋ ऌ क्	2
ऐ	ए ओ ङ्	3
ओ, औ	ऐ औ च्	4
	हयवरट्	5
	लँण्	6
	ञमङणनम्	7
	झभञ्	8
	घढधष्	9
	जबगडदश्	10
	खफछठथचटतव्	11
	कपय्	12
	शषसर्	13
	हल्	14

राम	र् आ म् अ = masculine stem अ ending, अकारान्तः		
1	रामः	रामौ	रामाः
2	रामम्	रामौ	रामान्
3	रामेण	रामाभ्याम्	रामैः
4	रामाय	रामाभ्याम्	रामेभ्यः
5	रामात्	रामाभ्याम्	रामेभ्यः
6	रामस्य	रामयोः	रामाणाम्
7	रामे	रामयोः	रामेषु
V	हे राम	हे रामौ	हे रामाः
Similar stems	देव God, मुकुन्द Krishna, शिव, हर Shiva		
meaning	Rama, Lord		

Notes

1/1 form रामः is actually रामस् ।

By definition of visarga, it takes the form रामः ।

Similarly, in all the tables a visarga appears for a final repha.

हरेस् → हरेर् → हरेः ।

2/1 form रामम् is generally seen as रामं due to definition of Anusvara, or also for printing clarity, brevity etc. Similarly रामाभ्यां , रामाणां ।

3/1 form रामेण is due to internal Sandhi from रामेन = र् आ म् ए न् अ ।

Here न् is followed by अ hence 8.4.2 applies to give रामेण form. In 2/3 form रामान् the Sutra 8.4.2 doesn't apply because of न् final.

7/3 form रामेषु is due to internal Sandhi from रामेसु ।

Declension Process

प्रातिपदिक **राम** (प्रथमा विभक्तिः , पुंलिङ्गः , एकवचनः , अकारान्तः)

1.2.45 अर्थवत् अधातुः अप्रत्ययः प्रातिपदिकम् ।

4.1.2 सुऔजसमौट्शस्टाभ्याम्भिस्ङेभ्याम्भ्यस्ङसिभ्याम्भ्यस्ङसोसाम्ङ्योस्सुप् ।

सुप्

3.1.1 प्रत्ययः । प्रत्यय

3.1.2 परः च । प्रकृति+प्रत्यय ।

1.4.102 तानि एकवचनद्विवचनबहुवचनानी एकशः । वचन

1.1.43 सुट् अनपुंसकस्य । सर्वनामस्थान

राम+सुँ (सुप्, उपदेश, विभक्ति, प्रत्यय, एकवचन, प्रथमा, सर्वनामस्थान)

1.4.13 यस्मात् प्रत्ययविधिः तदादि प्रत्यये अङ्गम् । अङ्ग

1.4.14 सुप्तिङन्तं पदम् । पद

1.3.2 उपदेशेअच् अनुनासिकः इत् । उँ – इत् ।

राम+स्

1.2.41 अपृक्तः एकाल् प्रत्ययः । अपृक्त ।

1.4.110 विरामः अवसानम् । अवसान ।

रामस्

8.2.66 ससजुषोः रुः । त्रिपादी रुँ आदेश ।

रामर्

8.3.15 खरवसानयोः विसर्जनीयः । त्रिपादी ः आदेश ।

रामः ।

हरि	ह् अ र् इ = masculine stem इ ending, इकारान्तः		
1	हरिः	हरी	हरयः
2	हरिम्	हरी	हरीन्
3	हरिणा	हरिभ्याम्	हरिभिः
4	हरये	हरिभ्याम्	हरिभ्यः
5	हरेः	हरिभ्याम्	हरिभ्यः
6	हरेः	हर्योः	हरीणाम्
7	हरौ	हर्योः	हरिषु
V	हे हरे	हे हरी	हे हरयः
Similar stems	रवि sun, कवि poet, मुनि sage, विधि fate, श्रीपति Vishnu, अग्नि fire		
meaning	Hari, Vishnu, Lord		
In 1/3, 6/2, 6/3 we see appearance of यकारः। It is the samprasarana equivalent of इकारः।			

Also note the appearance of anusvara. It is when a consonant follows a final म् , e.g. हरिम् नमामि → हरिं नमामि ।

पति	प् अ त् इ		m	सखि = स् अ ख् इ		m
1	पतिः	पती	पतयः	सखा	सखायौ	सखायः
2	पतिम्	पती	पतीन्	सखायम्	सखायौ	सखीन्
3	पत्या	पतिभ्याम्	पतिभिः	सख्या	सखिभ्याम्	सखिभिः
4	पत्ये	पतिभ्याम्	पतिभ्यः	सख्ये	सखिभ्याम्	सखिभ्यः
5	पत्युः	पतिभ्याम्	पतिभ्यः	सख्युः	सखिभ्याम्	सखिभ्यः
6	पत्युः	पत्योः	पतिनाम्	सख्युः	सख्योः	सखीनाम्
7	पत्यो	पत्योः	पतिषु	सख्यौ	सख्योः	सखिषु
V	हे पते	हे पती	हे पतयः	हे सखे	हे सखायौ	हे सखायः
	Master, husband, boss			Friend, colleague, roommate		

पति and सखि are irregular words in इकारान्त । However the word पति is declined exactly like हरि when it stands at the end of a compound. E.g. stems सीतापति, भूपति, नृपति, श्रीपति ।

गुरु	उकारान्तः	ग् उ र् उ	m
1	गुरुः	गुरू	गुरवः
2	गुरुम्	गुरू	गुरून्
3	गुरुणा	गुरुभ्याम्	गुरुभिः
4	गुरवे	गुरुभ्याम्	गुरुभ्यः
5	गुरोः	गुरुभ्याम्	गुरुभ्यः
6	गुरोः	गुर्वोः	गुरूणाम्
7	गुरौ	गुर्वोः	गुरुषु
V	हे गुरो	हे गुरू	हे गुरवः
Teacher, preceptor, master, visionary, advisor, acharya			
शम्भु Shiva, विष्णु Vishnu, भानु sun, सूनु son			
In 1/3, 6/2, 6/3 we see appearance of वकारः। It is the samprasarana equivalent of उकारः।			

दातृ	ऋकारान्तः	द् आ त् ऋ	m
1	दाता	दातारौ	दातारः
2	दातारम्	दातारौ	दातॄन्
3	दात्रा	दातृभ्याम्	दातृभिः
4	दात्रे	दातृभ्याम्	दातृभ्यः
5	दातुः	दातृभ्याम्	दातृभ्यः
6	दातुः	दात्रोः	दातॄणाम्
7	दातरि	दात्रोः	दातृषु
V	हे दातः	दातारौ	दातारः
Giver, donatee			
नेतृ leader, कर्तृ doer, धातृ Creator, वक्तृ speaker, नप्तृ grandson			

This is the template for Agent nouns, formed from dhatus. Almost all the 1943 dhatus can be used in this way, in the sense of Doership. These nouns form their feminine by addition of ई e.g. दात्री, नेत्री, धात्री, कर्त्री and decline like नदी ।

पितृ	ऋकारान्तः	प् इ त् ऋ	m
1	पिता	पितरौ	पितरः
2	पितरम्	पितरौ	पितॄन्
3	पित्रा	पितृभ्याम्	पितृभिः
4	पित्रे	पितृभ्याम्	पितृभ्यः
5	पितुः	पितृभ्याम्	पितृभ्यः
6	पितुः	पित्रोः	पितॄणाम्
7	पितरि	पित्रोः	पितृषु
V	हे पितः	हे पितरौ	हे पितरः
Father, head of family			
भ्रातृ brother,जामातृ son-in-law,देवृ husband's brother, नृ man, सव्येष्टृ charioteer			

This is the template for family relationship nouns. In the noun नृ man, its 6/3 case has the optional forms नृणाम् and नॄणाम् I However नप्तृ grandson, declines like दातृ ।

रै	ऐकारान्तः	र् ऐ	m, f
1	राः	रायौ	रायः
2	रायम्	रायौ	रायः
3	राया	राभ्याम्	राभिः
4	राये	राभ्याम्	राभ्यः
5	रायः	राभ्याम्	राभ्यः
6	रायः	रायोः	रायाम्
7	रायि	रायोः	रासु
V	हे राः	रायौ	रायः
	wealth		

This word रै is used both in masculine sense and the feminine sense. The declension is as above in both.

गो	ओकारान्तः	ग् ओ	m, f
1	गौः	गावौ	गावः
2	गाम्	गावौ	गाः
3	गवा	गोभ्याम्	गोभिः
4	गवे	गोभ्याम्	गोभ्यः
5	गोः	गोभ्याम्	गोभ्यः
6	गोः	गवोः	गवाम्
7	गवि	गवोः	गोषु
V	हे गौः	हे गावौ	हे गावः
	Bull (also cow)		

This word गो is used both in masculine and feminine sense. The declension is as above.

ग्लौ	औकारान्तः	ग् ल् औ	m
1	ग्लौः	ग्लावौ	ग्लावः
2	ग्लावम्	ग्लावौ	ग्लावः
3	ग्लावा	ग्लौभ्याम्	ग्लौभिः
4	ग्लावे	ग्लौभ्याम्	ग्लौभ्यः
5	ग्लावः	ग्लौभ्याम्	ग्लौभ्यः
6	ग्लावः	ग्लावोः	ग्लावाम्
7	ग्लावि	ग्लावोः	ग्लौषु
V	हे ग्लौः	हे ग्लावौ	हे ग्लावः
	moon		

Feminine words can end in vowels आ, इ, ई, उ, ऊ, ऋ, ऐ, ओ, औ

अजन्तः स्त्रीलिङ्गः शब्दाः wrt Maheshwar Sutras

आ, इ, ई	अ इ उ ण्	1
उ, ऊ, ऋ	ऋ ऌ क्	2
ऐ	ए ओ ङ्	3
ओ, औ	ऐ औ च्	4
	हयवरट्	5
	लँण्	6
	ञमङणनम्	7
	झभञ्	8
	घढधष्	9
	जबगडदश्	10
	खफछठथचटतव्	11
	कपय्	12
	शषसर्	13
	हल्	14

Note that अकारान्तः words are only Masculine or Neuter. Feminine words will be आकारान्तः ।

रमा आकारान्तः		र् अ म् आ	f	अम्बा	आ	f
1	रमा	रमे	रमाः	अम्बा	अम्बे	अम्बाः
2	रमाम्	रमे	रमाः	अम्बां	अम्बे	अम्बाः
3	रमया	रमाभ्याम्	रमाभिः	अम्बया	अम्बाभ्यां	अम्बाभिः
4	रमायै	रमाभ्याम्	रमाभ्यः	अम्बायै	अम्बाभ्यां	अम्बाभ्यः
5	रमायाः	रमाभ्याम्	रमाभ्यः	अम्बायाः	अम्बाभ्यां	अम्बाभ्यः
6	रमायाः	रमयोः	रमाणाम्	अम्बायाः	अम्बयोः	अम्बाणां
7	रमायाम्	रमयोः	रमासु	अम्बायां	अम्बयोः	अम्बासु
V	हे रमे	हे रमे	हे रमाः	हे अम्ब	हे अम्बे	हे अम्बाः
	Lakshmi, goddess, fair beauty			mother		
	लता creeper, माला garland, सीता Sita, क्षमा forgiveness, लज्जा shame			अक्का, अल्ला mother		

Difference is only in their V/1 form which is हे अम्ब, हे अक्क, हे अल्ल resp.

4.1.4 अजाद्यतष्टाप् । टाप् = ट् आ प् ।

मति	इकारान्तः	म् अत् इ	f
1	मतिः	मती	मतयः
2	मतिम्	मती	मतीः
3	मत्या	मतिभ्याम्	मतिभिः
4	मत्यै , मतये	मतिभ्याम्	मतिभ्यः
5	मत्याः , मतेः	मतिभ्याम्	मतिभ्यः
6	मत्याः , मतेः	मत्योः	मतीनाम्
7	मत्याम् , मतौ	मत्योः	मतिषु
V	हे मते	हे मती	हे मतयः
Intellect, thought, buddhi, reasoning, opinion			
श्रुति Lord's voice heard,Vedas रुचि taste, बुद्धि intelligence, रात्रि night			
We see that the 4/1, 5/1, 6/1 and 7/1 forms have two options. This is generally true for feminine words ending in इ , उ ।			
Template for all abstract nouns in ति e.g. गति evolution, next life कृति product, accomplishment सृष्टि universe, creation			

नदी	ईकारान्तः	न् अ द् ई	f	लक्ष्मी	ई	f
1	नदी	नद्यौ	नद्यः	लक्ष्मीः	लक्ष्म्यौ	लक्ष्म्यः
2	नदीम्	नद्यौ	नदीः	लक्ष्मीम्	लक्ष्म्यौ	लक्ष्मीः
3	नद्या	नदीभ्याम्	नदीभिः	लक्ष्म्या	लक्ष्मीभ्यां	लक्ष्मीभिः
4	नद्यै	नदीभ्याम्	नदीभ्यः	लक्ष्म्यै	लक्ष्मीभ्यां	लक्ष्मीभ्यः
5	नद्याः	नदीभ्याम्	नदीभ्यः	लक्ष्म्याः	लक्ष्मीभ्यां	लक्ष्मीभ्यः
6	नद्याः	नद्योः	नदीनाम्	लक्ष्म्याः	लक्ष्म्योः	लक्ष्मीनां
7	नद्याम्	नद्योः	नदीषु	लक्ष्म्यां	लक्ष्म्योः	लक्ष्मीषु
V	हे नदि	हे नद्यौ	हे नद्यः	हे लक्ष्मि	हे लक्ष्म्यौ	हे लक्ष्म्यः
River, flowing current				Lakshmi, goddess of fortune		
गौरी,पार्वती Parvati, वाणी, सरस्वती speech, सखी girl friend,देवी goddess				तरी boat, तन्त्री lute, अवी		
Template for all agent nouns in ई e.g. कर्त्री doer, दात्री giver						

The words लक्ष्मी, तरी, decline like नदी except for 1/1 form लक्ष्मीः, तरीः resp.

Sutra 4.1.5 ऋन्नेभ्यो ङीप् । ङीप् = ङ् ई प् ।

श्री	ईकारान्तः	श् र् ई	f		स्त्री	स् त्र ई	f
1	श्रीः	श्रियौ	श्रियः		स्त्री	स्त्रियौ	स्त्रियः
2	श्रीयम्	श्रियौ	श्रियः		स्त्रियम् , स्त्रीम्	स्त्रियौ	स्त्रियः , स्त्रीः
3	श्रिया	श्रीभ्यां	श्रीभिः		स्त्रिया	स्त्रीभ्यां	स्त्रीभिः
4	श्रियै , श्रिये	श्रीभ्यां	श्रीभ्यः		स्त्रियै	स्त्रीभ्यां	स्त्रीभ्यः
5	श्रियाः , श्रियः	श्रीभ्यां	श्रीभ्यः		स्त्रियाः	स्त्रीभ्यां	स्त्रीभ्यः
6	श्रियाः , श्रियः	श्रियोः	श्रीणां , श्रियां		स्त्रियाः	स्त्रियोः	स्त्रीणां
7	श्रियाम् , श्रियि	श्रियोः	श्रीषु		स्त्रियाम्	स्त्रियोः	स्त्रीषु
V	हे श्रीः	हे श्रियौ	हे श्रियः		हे स्त्रि	हे स्त्रियौ	हे स्त्रियः
	Lakshmi, goddess				woman		
	ह्री shame, धी intellect, भी fear				Declines differently from श्री in the optional forms		

धेनु	उकारान्तः	ध् ए न् उ	f
1	धेनुः	धेनू	धेनवः
2	धेनुम्	धेनू	धेनूः
3	धेन्वा	धेनुभ्याम्	धेनुभिः
4	धेन्वै , धेनवे	धेनुभ्याम्	धेनुभ्यः
5	धेन्वाः , धेनोः	धेनुभ्याम्	धेनुभ्यः
6	धेन्वाः , धेनोः	धेन्वोः	धेनूनाम्
7	धेन्वाम् , धेनौ	धेन्वोः	धेनुषु
V	हे धेनो	हे धेनू	हे धेनवः
	Cow, milking animal		
तनु body, इषु arrow, रज्जु rope, चञ्चु beak			
We see that the 4/1, 5/1, 6/1 and 7/1 forms have two options. This is generally true for feminine words ending in इ , उ ।			

वधू	ऊकारान्तः	व् अ ध् ऊ	f		श्वश्रू	श्व्अश्र् ऊ	f
1	वधूः	वध्वौ	वध्वः		श्वश्रूः	श्वश्र्वौ	श्वश्र्वः
2	वधूम्	वध्वौ	वधूः		श्वश्रूम्	श्वश्र्वौ	श्वश्रूः
3	वध्वा	वधूभ्यां	वधूभिः		श्वश्र्वा	श्वश्रूभ्यां	श्वश्रूभिः
4	वध्वै	वधूभ्यां	वधूभ्यः		श्वश्र्वै	श्वश्रूभ्यां	श्वश्रूभ्यः
5	वध्वाः	वधूभ्यां	वधूभ्यः		श्वश्र्वाः	श्वश्रूभ्यां	श्वश्रूभ्यः
6	वध्वाः	वध्वोः	वधूनां		श्वश्र्वाः	श्वश्र्वोः	श्वश्रूनां
7	वध्वाम्	वध्वोः	वधूषु		श्वश्र्वाम्	श्वश्र्वोः	श्वश्रूषु
V	हे वधु	हे वध्वौ	हे वध्वः		हे श्वश्रु	हे श्वश्र्वौ	हे श्वश्र्वः
	Bride, newly wed girl				Mother-in-law		
	चमू army, श्वश्रू mother-in-law				चमू army, वधू son's wife, bride		
Note - श्वश्रू declines identical to वधू । It is only listed to see the spellings clearly.							

भू	ऊकारान्तः	भ् ऊ	f
1	भूः	भुवौ	भुवः
2	भुवम्	भुवौ	भुवः
3	भुवा	भूभ्याम्	भूभिः
4	भुवै , भुवे	भूभ्याम्	भूभ्यः
5	भुवाः , भुवः	भूभ्याम्	भूभ्यः
6	भुवाः , भुवः	भुवोः	भूनाम् , भुयाम्
7	भुवाम् , भुवि	भुवोः	भूषु
V	हे भूः	हे भुवौ	हे भुवः
Earth, planet, goddess, mineral wealth			
भ्रू eyebrow, सुभ्रू lovely woman			

स्वसृ	ऋकारान्तः	स् व् अ स् ऋ	f
1	स्वसा	स्वसारौ	स्वसारः
2	स्वसारम्	स्वसारौ	स्वसॄः
3	स्वस्रा	स्वसृभ्याम्	स्वसृभिः
4	स्वस्रे	स्वसृभ्याम्	स्वसृभ्यां
5	स्वसुः	स्वसृभ्याम्	स्वसृभ्यां
6	स्वसुः	स्वस्रोः	स्वसॄणाम्
7	स्वसरि	स्वस्रोः	स्वसृषु
V	हे स्वसः	हे स्वसारौ	हे स्वसारः
	sister		

Note – in दातृ we saw that agent nouns could be made from almost all the dhatus, and that feminine forms took the ई termination. In this case however, स्वसृ being itself feminine and in ऋ, does not have the ई form.

मातृ	ऋकारान्तः	म् आ त् ऋ	f
1	माता	मातरौ	मातरः
2	मातरम्	मातरौ	मातॄः
3	मात्रा	मातृभ्याम्	मातृभिः
4	मात्रे	मातृभ्याम्	मातृभ्यः
5	मातुः	मातृभ्याम्	मातृभ्यः
6	मातुः	मात्रोः	मातॄणाम्
7	मातरि	मात्रोः	मातृषु
V	हे मातः	हे मातरौ	हे मातरः
	Mother, birth giver		
यातृ husband's brother's wife, दुहितृ daughter, ननान्दृ husband's sister, bua			
Template for feminine family relationship nouns in ऋ			

Note – in दातृ we saw that agent nouns could be made from almost all the dhatus, and that feminine forms took the ई termination. In this case however मातृ being itself feminine and in ऋ , does not have the ई form. Similarly for other ऋ ending feminine family relationship nouns.

रै	ऐकारान्तः	र् ऐ	m, f
1	राः	रायौ	रायः
2	रायम्	रायौ	रायः
3	राया	राभ्याम्	राभिः
4	राये	राभ्याम्	राभ्यः
5	रायः	राभ्याम्	राभ्यः
6	रायः	रायोः	रायाम्
7	रायि	रायोः	रासु
V	हे राः	रायौ	रायः
	wealth		

This word रै is used both in masculine sense and feminine sense.

The declension is as above in both.

गो	ओकारान्तः , ग् ओ		m, f		द्यो	द् य् ओ	f
1	गौः	गावौ	गावः		द्यौः	द्यावौ	द्यावः
2	गाम्	गावौ	गाः		द्याम्	द्यावौ	द्याः
3	गवा	गोभ्यां	गोभिः		द्यवा	द्योभ्यां	द्योभिः
4	गवे	गोभ्यां	गोभ्यः		द्यवे	द्योभ्यां	द्योभ्यः
5	गोः	गोभ्यां	गोभ्यः		द्योः	द्योभ्यां	द्योभ्यः
6	गोः	गवोः	गवाम्		द्योः	द्यवोः	द्यवाम्
7	गवि	गवोः	गोषु		द्यवि	द्यवोः	द्योषु
V	हे गौः	हे गावौ	हे गावः		हे द्यौः	हे द्यावौ	हे द्यावः
	cow (also bull)				Sky, space, vastness		
	द्यो sky				Declines same as गो		

नौ	औकारान्तः	न् औ	f
1	नौः	नावौ	नावः
2	नावम्	नावौ	नावः
3	नावा	नौभ्याम्	नौभिः
4	नावे	नौभ्याम्	नौभ्यः
5	नावः	नौभ्याम्	नौभ्यः
6	नावः	नावोः	नावाम्
7	नावि	नावोः	नौषु
V	हे नौः	हे नावौ	हे नावः
	Boat, raft		
	Declines same as ग्लौ m		

Neuter words can end in vowels अ, इ, उ, ऋ

अजन्तः नपुंसकलिङ्गः शब्दाः wrt Maheshwar Sutras

अ , इ , उ	अ इ उ ण्	1
ऋ	ऋ ऌ क्	2
	ए ओ ङ्	3
	ऐ औ च्	4
	हयवरट्	5
	लँण्	6
	ञमङणनम्	7
	झभञ्	8
	घढधष्	9
	जबगडदश्	10
	खफछठथचटतव्	11
	कपय्	12
	शषसर्	13
	हल्	14

Note that diphthong ending words are only Masculine or Feminine. Neuter words do not end in ए , ऐ , ओ , औ ।

फल	अकारान्तः	फ् अ ल् अ	n
1	फलम्	फले	फलानि
2	फलम्	फले	फलानि
3	फलेन	फलाभ्याम्	फलैः
4	फलाय	फलाभ्याम्	फलेभ्यः
5	फलात्	फलाभ्याम्	फलेभ्यः
6	फलस्य	फलयोः	फलानाम्
7	फले	फलयोः	फलेषु
V	हे फल	हे फले	हे फलानि
	fruit		
ज्ञान knowledge, wisdom, वन forest, धन wealth, नेत्र eye			

Note – in all neuter words, the 2nd case is identical to the 1st case.

All neuter words in अ decline same as masculine राम for cases 3 to 7.

वारि	इकारान्तः	व् आ र् इ	n
1	वारि	वारिणी	वारीणि
2	वारि	वारिणी	वारीणि
3	वारिणा	वारिभ्याम्	वारिभिः
4	वारिणे	वारिभ्याम्	वारिभ्यः
5	वारिणः	वारिभ्याम्	वारिभ्यः
6	वारिणः	वारिणोः	वारीणाम्
7	वारिणि	वारिणोः	वारिषु
V	हे वारे , हे वारि	हे वारिणी	हे वारीणि
	water		

Note – in all neuter words, the 2nd case is identical to the 1st case.

All Neuter words ending in इ , उ , ऋ have two forms in the vocative singular V/1.

3/1 form वारिणा is due to internal Sandhi from वारिना = व् आ र् इ न् आ । Here इ occurs between र् and न् hence 8.4.2 अट्कुप्वाङ्नुम्व्यवायेऽपि applies to change न् to ण् । Similarly in all other forms न् is replaced by ण् ।

दधि इकारान्तः		द् अ ध् इ	n		शुचि	श्उच् इ	n adjective
1	दधि	दधिनी	दधीनि		शुचि	शुचिनी	शुचीनि
2	दधि	दधिनी	दधीनि		शुचि	शुचिनी	शुचीनि
3	दध्ना	दधिभ्यां	दधिभिः		शुचिना	शुचिभ्यां	शुचिभिः
4	दध्ने	दधिभ्यां	दधिभ्यः		शुचिने शुचये	शुचिभ्यां	शुचिभ्यः
5	दध्नः	दधिभ्यां	दधिभ्यः		शुचिनः शुचेः	शुचिभ्यां	शुचिभ्यः
6	दध्नः	दध्नोः	दध्नाम्		शुचिनः शुचेः	शुचिनोः शुच्योः	शुचीनाम्
7	दध्नि दधनि	दध्नोः	दधिषु		शुचिनि शुचौ	शुचिनोः शुच्योः	शुचिषु
V	हे दधे हे दधि	हे दधिनी	हे दधीनि		हे शचे हे शुचि	हे शुचिनी	हे शुचीनि
	curd				pure		
अस्थि bone, सक्थि thigh, अक्षि eye					अनादि having no beginning, सुरभि fragrant		
In 6/3 the इ disappears by sutra 7.1.75 अस्थिदधिसक्थ्यक्ष्णामनङुदात्तः ।					Template for adjectives in इ । Notice that optional forms are same as masculine हरि		

मधु	उकारान्तः	म् अ ध् उ	n
1	मधु	मधुनी	मधूनि
2	मधु	मधुनी	मधूनि
3	मधुना	मधुभ्याम्	मधुभिः
4	मधुने	मधुभ्याम्	मधुभ्यः
5	मधुनः	मधुभ्याम्	मधुभ्यः
6	मधुनः	मधुनोः	मधूनाम्
7	मधुनि	मधुनोः	मधुषु
V	हे मधो, हे मधु	हे मधुनी	हे मधूनि
honey			
अम्बु water, अश्रु teardrop, वस्तु thing, real thing, brahman,दारु wood			

गुरु	उकारान्तः	ग् उ र् उ	n adjective
1	गुरु	गुरुणी	गुरूणि
2	गुरु	गुरुणी	गुरूणि
3	गुरुणा	गुरुभ्याम्	गुरुभिः
4	गुरुणे , गुरवे	गुरुभ्याम्	गुरुभ्यः
5	गुरुणः , गुरोः	गुरुभ्याम्	गुरुभ्यः
6	गुरुणः , गुरोः	गुरुणोः , गुर्वोः	गुरूणाम्
7	गुरुणि , गुरौ	गुरुणोः , गुर्वोः	गुरुषु
V	हे गुरो , हे गुरु	हे गुरुणी	हे गुरूणि
	Heavy, stressful, weight bearing		
मृदु soft, पृथु wide, पटु clever, लघु little			

Adjectives in neuter in इ, उ, ऋ e.g. शुचि, गुरु, दातृ have two forms in the singular for 4th, 5th, 6th, 7th cases, and in the dual for 6th, 7th cases. Herein notice that one form is identical to the masculine form, compare हरि, गुरु, दातृ ।

3/1 form गुरुणा is due to internal Sandhi from गुरुना = ग् उ र् उ न् आ । Here उ occurs between र् and न् hence 8.4.2 अट्कुप्वाङ्नुम्व्यवायेऽपि applies to change न् to ण् । Similarly in all other forms न् is replaced by ण् ।

दातृ	ऋकारान्तः	द् आ त् ऋ	n
1	दातृ	दातृणी	दातॄणी
2	दातृ	दातृणी	दातॄणी
3	दातृणा , दात्रा	दातृभ्याम्	दातृभिः
4	दातृणे , दात्रे	दातृभ्याम्	दातृभ्यः
5	दातृणः , दातुः	दातृभ्याम्	दातृभ्यः
6	दातृणः , दातुः	दातृणोः , दात्रोः	दातॄणाम्
7	दातृणि , दातरि	दातृणोः , दात्रोः	दातृषु
V	हे दातः , हे दातृ	हे दातृणी	हे दातॄणी
	That which gives, (pot gives water), (The lord fulfills desires)		
	कर्तृ doer, गन्तृ goer, वक्तृ speaker		

Adjectives in neuter in इ, उ, ऋ e.g. शुचि, गुरु, दातृ have two forms in the singular for 4th, 5th, 6th, 7th cases, and in the dual for 6th, 7th cases. Herein notice that one form is identical to the masculine form, compare हरि, गुरु, दातृ ।

3/1 form दातृणा is due to internal Sandhi from दातृना = द् आ त् ऋ न् आ । Here न् follows ऋ hence 8.4.1 रषाभ्यां नो णः समानपदे vartika ऋवर्णात् नस्य णत्वं वाच्यम् applies to change न् to ण् । Similarly in all other forms न् is replaced by ण् ।

Ending Consonants च, ज, त, द, न, श, ष, स, ह् of Masculine words

हलन्तः पुंलिङ्गः प्रकरणम् wrt Maheswar Sutras and the Alphabet

	अ इ उ ण्	1	क	ख	ग	घ	ङ
	ऋ ऌ क्	2	**च**	छ	**ज**	झ	ञ
	ए ओ ङ्	3	ट	ठ	ड	ढ	ण
	ऐ औ च्	4	**त**	थ	**द**	ध	**न**
	हयवरट्	5	प	फ	ब	भ	म
	लँण्	6	य	र	ल	व	
न	ञमङणनम्	7	**श**	**ष**	**श**		
	झभञ्	8	ह				
	घढधष्	9					
ज, द	जबगडदश्	10					
च, त	खफछठथचटतव्	11					
	कपय्	12					
श, ष, स	शषसर्	13					
ह	हल्	14					

जलमुच्	चकारान्तः	च्	m
1	जलमुक्	जलमुचौ	जलमुचः
2	जलमुचम्	जलमुचौ	जलमुचः
3	जलमुचा	जलमुग्भ्याम्	जलमुग्भिः
4	जलमुचे	जलमुग्भ्याम्	जलमुग्भ्यः
5	जलमुचः	जलमुग्भ्याम्	जलमुग्भ्यः
6	जलमुचः	जलमुचोः	जलमुचाम्
7	जलमुचि	जलमुचोः	जलमुक्षु
V	हे जलमुक्	हे जलमुचौ	हे जलमुचः
	Cloud, airy ball of water		
	पयोमुच् cloud, सुवाच् eloquent		

वणिज्	जकारान्तः		m		राज्	ज्	m
1	वणिक्	वणिजौ	वणिजः		राट्	राजौ	राजः
2	वणिजं	वणिजौ	वणिजः		राजम्	राजौ	राजः
3	वणिजा	वणिग्भ्यां	वणिग्भिः		राजा	राड्भ्यां	राड्भिः
4	वणिजे	वणिग्भ्यां	वणिग्भ्यः		राजे	राड्भ्यां	राड्भ्यः
5	वणिजः	वणिग्भ्यां	वणिग्भ्यः		राजः	राड्भ्यां	राड्भ्यः
6	वणिजः	वणिजोः	वणिजाम्		राजः	राजोः	राजाम्
7	वणिजि	वणिजोः	वणिक्षु		राजि	राजोः	राट्सु
V	हे वणिक्	हे वणिजौ	हे वणिजः		हे राट्	राजौ	राजः
	merchant				king		
	भिषज् physician, हुतभुज् fire, ऋत्विज् priest doing havan				सम्राज् emperor, परिव्राज् ascetic, wanderer विश्वसृज् Creator, Lord		

मरुत्	तकारान्तः	त्	m
1	मरुत्	मरुतौ	मरुतः
2	मरुतम्	मरुतौ	मरुतः
3	मरुता	मरुद्भ्याम्	मरुद्भिः
4	मरुते	मरुद्भ्याम्	मरुद्भ्यः
5	मरुतः	मरुद्भ्याम्	मरुद्भ्यः
6	मरुतः	मरुतोः	मरुताम्
7	मरुति	मरुतोः	मरुत्सु
V	हे मरुत्	हे मरुतौ	हे मरुतः
Wind, the God Hanuman, very quick			
भूभृत् king, इन्द्रजित् victorious over senses, कर्मकृत् businessman, विश्वजित् a specific yagya, सोमसुत् soma distiller			

Template for

- Present participles of 3cP roots like दा – ददत् giving, दधत् holding, बिभ्यत् fearing
- Present participles of 2cP roots like जक्षत् eating, जाग्रत् watching, शासत् ruling, चकासत् shining, दरिद्रत् being poor

Note – for present participles and future participles of all other parasmaipada Roots, the template is पचत् ।

पचत्	तकारान्तः	त्	m
1	पचन्	पचन्तौ	पचन्तः
2	पचन्तम्	पचन्तौ	पचतः
3	पचता	पचद्भ्याम्	पचद्भिः
4	पचते	पचद्भ्याम्	पचद्भ्यः
5	पचतः	पचद्भ्याम्	पचद्भ्यः
6	पचतः	पचतोः	पचताम्
7	पचति	पचतोः	पचत्सु
V	हे पचन्	पचन्तौ	पचन्तः
Cook, Chef, (one who cooks)			
गच्छत्, गमिष्यत्, हरत्, हरिष्यत्, कुर्वत्, करिष्यत्, कथयत्, कथयिष्यत्			
Template for dhatus to nouns			
3rd case onwards same as मरुत्			

Template for all dhatus (except for 2cP and 3cP) to make present and future participles for parasmaipada roots, in masculine.

E.g. पच् 1cP = to cook + शतृ (अत्)

Conjugation for 1c uses शप्

पच् + शप् + अत् → no guna because absence of vowel →

पच् + अ + अत् → पच + अत् →

पररूप sandhi overrides dirgha sandhi अपदान्त अ+ गुण letter→guna letter

→ पच + अत् → पचत्

पचत्=present participle m = one who cooks = chef

पचष्यत् = future participle m = one who will cook

गम् 1cP = to go + अत्

गच्छत् = one who goes

गमिष्यत् = one who will go

गच्छन् going

गमिष्यन् willing to go

हरन् taking away

हरिष्यन् willing to take away

कुर्वन् doing

करिष्यन् willing to do

कथयन् telling

कथयिष्यन् willing to tell

सत्	Root अस् 2cP = to be	त्	m
1	सन्	सन्तौ	सन्तः
2	सन्तम्	सन्तौ	सतः
3	सता	सद्भ्याम्	सद्भिः
4	सते	सद्भ्याम्	सद्भ्यः
5	सतः	सद्भ्याम्	सद्भ्यः
6	सतः	सतोः	सताम्
7	सति	सतोः	सत्सु
V	हे सन्	सन्तौ	सन्तः
one who is (soul), truth, to exist			
सति 7/1 = in the one who is = सति सप्तमी clause, famous usage in Upanishads			
Using Template पचत् । 3rd case onwards same as मरुत् ।			

धीमत् तकारान्तः त्			m adj	मघवत्	त्	m adjective
1	धीमान्	धीमन्तौ	धीमन्तः	मघवान्	मघवन्तौ	मघवन्तः
2	धीमन्तम्	धीमन्तौ	धीमतः	मघवन्तं	मघवन्तौ	मघवतः
3	धीमता	धीमद्भ्याम्	धीमद्भिः	मघवता	मघवद्भ्यां	मघवद्भिः
4	धीमते	धीमद्भ्याम्	धीमद्भ्यः	मघवते	मघवद्भ्यां	मघवद्भ्यः
5	धीमतः	धीमद्भ्याम्	धीमद्भ्यः	मघवतः	मघवद्भ्यां	मघवद्भ्यः
6	धीमतः	धीमतोः	धीमताम्	मघवततः	मघवतोः	मघवताम्
7	धीमति	धीमतोः	धीमत्सु	मघवतति	मघवतोः	मघवत्सु
V	हे धीमन्	हे धीमन्तौ	हे धीमन्तः	हे मघवन्	हेमघवन्तौ	हे मघवन्तः
Intelligent, talented, genius				cloud-like ominous, like Indra		
बुद्धिमत् , धनवत् , कृतवत् , भगवत् , यावत् , तावत् , कियत् , इयत् , विवस्वत् , मघवत् cloud-like ominous, Indra				Declines same as धीमत् , listed only for completeness.		
3rd case onwards same as मरुत्						

धीमत् is Template for Dhatus to Adjectives

पचत् is Template for शतृ / शानच् Present Participle Active Voice

धीमत् is Template for क्तवत् Past Participle Active Voice

पचत् is Template for क्त Past Participle Passive Voice

मरुत् पचत् धीमत् महत् are 4 Different Declensions for Masculine

महत्	तकारान्तः	त्	m adjective
1	महान्	महान्तौ	महान्तः
2	महान्तम्	महान्तौ	महतः
3	महता	महद्भ्याम्	महद्भिः
4	महते	महद्भ्याम्	महद्भ्यः
5	महतः	महद्भ्याम्	महद्भ्यः
6	महतः	महतोः	महताम्
7	महति	महतोः	महत्सु
V	हे महन्	हे महान्तौ	हे महान्तः
	Great, magnificient, noble		
	Not a Template even though similar		
	3rd case onwards same as मरुत्		

There are the 4 different declensions for तकारान्त masculine words as in मरुत् , पचत् , धीमत् and महत् ।

The feminine nouns are formed with ई ending as

पचत् = one who cooks, male

पचन्ती = one who cooks, female

धीमत् = one who is intelligent, male

धीमती = one who is intelligent, female

महत् = one who is great, male

महती = one who is great, feminine

And all these feminine nouns are then declined as नदी

नदी is the common Declension for corresponding Feminine

The template for

PRESENT PARTICIPLE active voice

पचत् m for masculine

पचन्ती f for feminine (नदी)

पचत् n for neuter (given elsewhere)

The template for

PAST PARTICIPLE active voice क्तवत्

धीमत् m for masculine

धीमती f for feminine (नदी)

धीमत् n for neuter (given elsewhere)

The template for

PAST PARTICIPLE passive voice क्त(अ)

पचतः m for masculine (राम)

पचता f for feminine (रमा)

पचम् n for neuter फल

बुद्धिमान् intelligent

धनवान् rich

कृतवान् one who has done

भगवान् Divine

यावान् as much as

तावान् so much

कियान् how much

इयान् to this extent

मघवान् Indra (Deva)

सुहृद्	दकारान्तः	द्	m
1	सुहृत्	सुहृदौ	सुहृदः
2	सुहृदम्	सुहृदौ	सुहृदः
3	सुहृदा	सुहृद्भ्याम्	सुहृद्भिः
4	सुहृदे	सुहृद्भ्याम्	सुहृद्भ्यः
5	सुहृदः	सुहृद्भ्याम्	सुहृद्भ्यः
6	सुहृदः	सुहृदोः	सुहृदाम्
7	सुहृदि	सुहृदोः	सुहृत्सु
V	हे सुहृत्	हे सुहृदौ	हे सुहृदः
Friend, affectionate one, good at heart			
दिविषद् God, शास्त्रविद् well versed, तमोनुद् Sun, abolisher of darkness			

सु + हृद् n = सुहृद् m = friend

हृद् n = heart

(a good heart makes a friend)

राजन्	नकारान्तः	न्	m
1	राजा	राजानौ	राजानः
2	राजानम्	राजानौ	राज्ञः
3	राज्ञा	राजभ्याम्	राजभिः
4	राज्ञे	राजभ्याम्	राजभ्यः
5	राज्ञः	राजभ्याम्	राजभ्यः
6	राज्ञः	राज्ञोः	राज्ञाम्
7	राज्ञि , राजनि	राज्ञोः	राजसु
V	हे राजन्	हे राजानौ	हे राजानः
king			
मूर्धन् head, तक्षन् carpenter, सुनामन् auspiciously named, महिमन् greatness, पीवन् fat, अणिमन् minuteness, गरिमन् greatness, लघिमन् thinness			

Feminine form राज्ञी queen, declines like नदी ।

आत्मन् नकारान्तः न्			m	ब्रह्मन्	न्	m
1	आत्मा	आत्मानौ	आत्मानः	ब्रह्मा	ब्रह्मानौ	ब्रह्मानः
2	आत्मानं	आत्मानौ	आत्मनः	ब्रह्मानं	ब्रह्मानौ	ब्रह्मनः
3	आत्मना	आत्मभ्यां	आत्मभिः	ब्रह्मना	ब्रह्मभ्यां	ब्रह्मभिः
4	आत्मने	आत्मभ्यां	आत्मभ्यः	ब्रह्मने	ब्रह्मभ्यां	ब्रह्मभ्यः
5	आत्मनः	आत्मभ्यां	आत्मभ्यः	ब्रह्मनः	ब्रह्मभ्यां	ब्रह्मभ्यः
6	आत्मनः	आत्मनोः	आत्मनां	ब्रह्मनः	ब्रह्मनोः	ब्रह्मनां
7	आत्मनि	आत्मनोः	आत्मसु	ब्रह्मनि	ब्रह्मनोः	ब्रह्मसु
V	हे आत्मन्	हे आत्मानौ	हे आत्मानः	हे ब्रह्मन्	हे ब्रह्मानौ	हे ब्रह्मानः
Soul, inner purity, the divine within				Brahmin (learned person), Brahma the Creator in Scriptures		
ब्रह्मन् Brahmin, यज्वन् Sacrificer, सुपर्वन् God, अध्वन् Way				शर्मन् Sharma, वर्मन् Verma, some Indian last names		

Template for words ending in अन् preceded by a conjunct संयुक्ताक्षर having म् or व् for its latter member.

आत्मन् **masculine** = individual soul, the divine within each being.

ब्रह्मन् **neuter** = primal soul, undivided soul, supreme consciousness.

ब्रह्मन् **masculine** denotes a learned person and not the Divinity. Even the declined spellings are different.

श्वन्	नकारान्तः	न्	m
1	श्वा	श्वानौ	श्वानः
2	श्वानम्	श्वानौ	शुनः
3	शुना	श्वभ्याम्	श्वभिः
4	शुने	श्वभ्याम्	श्वभ्यः
5	शुनः	श्वभ्याम्	श्वभ्यः
6	शुनः	शुनोः	शुनाम्
7	शुनि	शुनोः	श्वसु
V	हे श्वन्	श्वानौ	श्वानः
	Dog, canine		

Feminine form of dog is शुनी and declines like नदी ।

युवन्	नकारान्तः न्		m	मघवन्	न्	m
1	युवा	युवानौ	युवानः	मघवा	मघवानौ	मघवानः
2	युवानम्	युवानौ	यूनः	मघवानम्	मघवानौ	मघोनः
3	यूना	युवभ्यां	युवभिः	मघोना	मघवभ्यां	मघवभिः
4	यूने	युवभ्यां	युवभ्यः	मघोने	मघवभ्यां	मघवभ्यः
5	यूनः	युवभ्यां	युवभ्यः	मघोनः	मघवभ्यां	मघवभ्यः
6	यूनः	यूनोः	यूनाम्	मघोनः	मघोनोः	मघोनाम्
7	यूनि	यूनोः	युवसु	मघोनि	मघोनोः	मघवसु
V	हे युवन्	हे युवानौ	हे युवानः	हे मघवन्	हे मघवानौ	हे मघवानः
Youth (teenager), Adolescent				Indra (god), Ominous cloud		
Feminine is युवति teenage girl and declines like मति । A synonym युवती declines like नदी				Synonym मघवत् declines like धीमत् , मघवान् । मघवन्तौ । मघवन्तः		

पथिन्	नकारान्तः न्		m	करिन्	न्	m
1	पन्थाः	पन्थानौ	पन्थानः	करी	करिणौ	करिणः
2	पन्थानम्	पन्थानौ	पथः	करिणम्	करिणौ	करिणः
3	पथा	पथिभ्यां	पथिभिः	करिणा	करिभ्यां	करिभिः
4	पथे	पथिभ्यां	पथिभ्यः	करिणे	करिभ्यां	करिभ्यः
5	पथः	पथिभ्यां	पथिभ्यः	करिणः	करिभ्यां	करिभ्यः
6	पथः	पथोः	पथाम्	करिणः	करिणोः	करिणाम्
7	पथि	पथोः	पथिषु	करिणि	करिणोः	करिषु
V	हे पन्थाः	हे पन्थानौ	हे पन्थानः	हे करिनः	करिणौ	करिणः
Road, path, journey				elephant		
मथिन् churning handle (mount meru)				गुणिन् good natured, धनिन् rich, शशिन् moon. Feminine forms in ई , e.g. करिणी, धनिनी decline like नदी		

2/1 form करिणम् is due to internal Sandhi from करिनम् = क् अ र् इ न् अ म् । Here इ occurs between र् and न् hence 8.4.2 अट्कुप्वाङ्नुम्व्यवायेऽपि applies to change न् to ण् । Similarly in all other forms न् is replaced by ण् ।

विश्	शकारान्तः	श्	m
1	विट्	विशौ	विशः
2	विशम्	विशौ	विशः
3	विशा	विड्भ्याम्	विड्भिः
4	विशे	विड्भ्याम्	विड्भ्यः
5	विशः	विड्भ्याम्	विड्भ्यः
6	विशः	विशोः	विशाम्
7	विशि	विशोः	विट्सु
V	हे विट्	विशौ	विशः
	People (crowd), group of humans		

The dhatus ending in श् like विश् 6cP=to enter, undergo change to विट् or विड् in noun form. But dhatus दिश् 6cU = to show, दृश् 1cP = to see, स्पृश् 6cP = to touch, in the noun form the श् changes to क् or ग् eg दिक्

तादृश्	शकारान्तः	श्	m adverb
1	तादृक्	तादृशौ	तादृशः
2	तादृशम्	तादृशौ	तादृशः
3	तादृशा	तादृग्भ्याम्	तादृग्भिः
4	तादृशे	तादृग्भ्याम्	तादृग्भ्यः
5	तादृशः	तादृग्भ्याम्	तादृग्भ्यः
6	तादृशः	तादृशोः	तादृशाम्
7	तादृशि	तादृशोः	तादृक्षु
V	हे तादृक्	हे तादृशौ	हे तादृशः
	Such like (like that)		
ईदृश् of this kind, मादृश् of my type, त्वादृश् of your type, अस्मादृश् of our type, युष्मादृश् of your type, भवादृश् of your honour's type, तत्वदृश् one who has seen the truth, experienced the Divine			

Synonym in अ e.g. तादृश (राम template)

Feminine in ई e.g. तादृशी (नदी template)

Feminine in आ e.g. ईदृशा, तादृशा (रमा template)

द्विष्	षकारान्तः	ष्	m
1	द्विट्	द्विषौ	द्विषः
2	द्विषम्	द्विषौ	द्विषः
3	द्विषा	द्विड्भ्याम्	द्विड्भिः
4	द्विषे	द्विड्भ्याम्	द्विड्भ्यः
5	द्विषः	द्विड्भ्याम्	द्विड्भ्यः
6	द्विषः	द्विषोः	द्विषाम्
7	द्विषि	द्विषोः	द्विट्सु
V	हे द्विट्	द्विषौ	द्विषः
Enemy, one who harbors ill-will, bitter person			
रत्नमुष् jewel thief, सितत्विष् one having white lustre			

Synonym शत्रु , अरि ।

वेधस्	सकारान्तः स्		m		श्रेयस्	स्	m adj
1	वेधाः	वेधसौ	वेधसः		श्रेयान्	श्रेयांसौ	श्रेयांसः
2	वेधसम्	वेधसौ	वेधसः		श्रेयांसम्	श्रेयांसौ	श्रेयसः
3	वेधसा	वेधोभ्यां	वेधोभिः		श्रेयसा	श्रेयोभ्यां	श्रेयोभिः
4	वेधसे	वेधोभ्यां	वेधोभ्यः		श्रेयसे	श्रेयोभ्यां	श्रेयोभ्यः
5	वेधसः	वेधोभ्यां	वेधोभ्यः		श्रेयसः	श्रेयोभ्यां	श्रेयोभ्यः
6	वेधसः	वेधसोः	वेधसाम्		श्रेयसः	श्रेयसोः	श्रेयसाम्
7	वेधसि	वेधसोः	वेधस्सु		श्रेयसि	श्रेयसोः	श्रेयस्सु
V	हे वेधः	हे वेधसौ	हे वेधसः		हे श्रेयन्	श्रेयांसौ	श्रेयांसः
Brahma (lord, creator), all-knowledgeable					Superior, ultimate		
चन्द्रमस् moon, सुमनस् good mind, पुरोधस् priest, मनस् mind, नचिकेतस् Nachiketas, not bowled over, undefeated					गरीयस् heavier, स्थवीयस् greater. Feminine in ई e.g. श्रेयसी (नदी)		

By anusvara sandhi श्रेयान्सम् -> श्रेयांसम्। Similarly other forms.

विद्वस् सकारान्तः विद् वस्			m	पुम्स् = पुंस्	स्	m
1	विद्वान्	विद्वांसौ	विद्वांसः	पुमान्	पुमांसौ	पुमांसः
2	विद्वांसम्	विद्वांसौ	विदुषः	पुमांसम्	पुमांसौ	पुंसः
3	विदुषा	विद्धद्भ्यां	विद्वद्भिः	पुंसा	पुंभ्याम्	पुंभिः
4	विदुषे	विद्धद्भ्यां	विद्धद्भ्यः	पुंसे	पुंभ्याम्	पुंभ्यः
5	विदुषः	विद्धद्भ्यां	विद्धद्भ्यः	पुंसः	पुंभ्याम्	पुंभ्यः
6	विदुषः	विदुषोः	विदुषाम्	पुंसः	पुंसोः	पुंसाम्
7	विदुषि	विदुषोः	विद्वत्सु	पुंसि	पुंसोः	पुंसु
V	हे विद्वन्	हे विद्वांसौ	हे विद्वांसः	हे पुमन्	पुमांसौ	हे पुमांसः
Scholar, well-read, professor				Man, male of species		
ऊचिवस् one who has spoken, उपेयिवस् one who has approached, सेदिवस् one who has sat, तस्थिवस् one who stood, चकृवस् one who did. Feminine in ई , e.g. विदुषी, ऊचुषी, उपेयुषी, सेदुषी, तस्थुषी । Present Participle शतृ = learning				पुम्स् is commonly written as पुंस् by anusvara sandhi		

दोस्	सकारान्तः	स्	m
1	दोः	दोषौ	दोषः
2	दोषम्	दोषौ	दोषः
3	दोषा	दोर्भ्याम्	दोर्भिः
4	दोषे	दोर्भ्याम्	दोर्भ्यः
5	दोषः	दोर्भ्याम्	दोर्भ्यः
6	दोषः	दोषोः	दोषाम्
7	दोषि	दोषोः	दोष्षु
V	हे दोः	हे दोषौ	हे दोषः
	Arm, forearm		

लिह्	सकारान्तः	ह्	m
1	लिट्	लिहौ	लिहः
2	लिहम्	लिहौ	लिहः
3	लिहा	लिड्भ्याम्	लिड्भिः
4	लिहे	लिड्भ्याम्	लिड्भ्यः
5	लिहः	लिड्भ्याम्	लिड्भ्यः
6	लिहः	लिहोः	लिहाम्
7	लिहि	लिहोः	लिट्सु
V	हे लिट्	हे लिहौ	हे लिहः
One who licks			
भूरुह् tree, soul of earth, महीरुह् tree, tall soul			

Ending Consonants च, ज, त, ध, न, प, भ, र, व, श, ष, स, ह of Feminine words

हलन्तः स्त्रीलिङ्गः प्रकरणम् wrt Maheshwar Sutras and the Alphabet

	अ इ उ ण्	1	क	ख	ग	घ	ङ
	ऋ ऌ क्	2	**च**	छ	**ज**	झ	ञ
	ए ओ ङ्	3	ट	ठ	ड	ढ	ण
	ऐ औ च्	4	**त**	थ	द	**ध**	**न**
व, र	हयवरट्	5	प	फ	ब	**भ**	म
	लँण्	6	य	**र**	ल	**व**	
न	ञमङणनम्	7	**श**	**ष**	**श**		
भ	झभञ्	8	ह				
ध	घढधष्	9					
ज	जबगडदश्	10					
च, त	खफछठथचटतव्	11					
प	कपय्	12					
श, ष, स	शषसर्	13					
ह	हल्	14					

नदी , रमा are Declension Templates for Feminine words made from consonant ending Masculine

Many feminine words are formed from their masculine counterparts by simply adding ई, so these become vowel ending and decline like नदी । Sutra 4.1.5 ऋन्नेभ्यो ङीप् । ङीप् = ङ् ई प् ।

Similarly, feminine words are also formed from masculine words by adding आ, so these become vowel ending and decline like रमा ।

4.1.4 अजाद्यतष्टाप् । टाप् = ट् आ प् ।

Most consonant ending feminine words are declined just the same as masculine words of appropriate ending. e.g.

feminine वाच् declines the same as masculine जलमुच् ।

feminine स्त्रज् declines the same as masculine वणिज् ।

feminine सरित् declines the same as masculine मरुत् ।

feminine शरद् declines the same as masculine सुहृद् ।

feminine सीमन् declines the same as masculine राजन् ।

feminine निश् declines the same as masculine विश् ।

feminine प्रावृष् declines the same as masculine द्विष् ।

वाच्	चकारान्तः	च्	f
1	वाक्	वाचौ	वाचः
2	वाचम्	वाचौ	वाचः
3	वाचा	वाग्भ्याम्	वाग्भिः
4	वाचे	वाग्भ्याम्	वाग्भ्यः
5	वाचः	वाग्भ्याम्	वाग्भ्यः
6	वाचः	वाचोः	वाचाम्
7	वाचि	वाचोः	वाक्षु
V	हे वाक्	हे वाचौ	हे वाचः
	Speech (also organ of speech)		
	त्वच् skin, bark, रुच् lustre, रिच्		
	Use Template जलमुच् masculine		
	Synonym गिर् f		

स्रज्	जकारान्तः	स् त् र् ज्	f
1	स्रक्	स्रजौ	स्रजः
2	स्रजम्	स्रजौ	स्रजः
3	स्रजा	स्रग्भ्यां	स्रग्भिः
4	स्रजे	स्रग्भ्यां	स्रग्भ्यः
5	स्रजः	स्रग्भ्यां	स्रग्भ्यः
6	स्रजः	स्रजोः	स्रजाम्
7	स्रजि	स्रजोः	स्रक्षु
V	हे स्रक्	हे स्रजौ	हे स्रजः
	garland		
	Use Template वणिज् m		

सरित्	तकारान्तः त्		f		शरत् = शरद्	द्	f
1	सरित्	सरितौ	सरितः		शरत्	शरदौ	शरदः
2	सरितम्	सरितौ	सरितः		शरतम्	शरदौ	शरदः
3	सरिता	सरिद्भ्याम्	सरिद्भिः		शरदा	शरद्भ्याम्	शरद्भिः
4	सरिते	सरिद्भ्याम्	सरिद्भ्यः		शरदे	शरद्भ्याम्	शरद्भ्यः
5	सरितः	सरिद्भ्याम्	सरिद्भ्यः		शरदः	शरद्भ्याम्	शरद्भ्यः
6	सरितः	सरितोः	सरिताम्		शरदः	शरदोः	शरदाम्
7	सरिति	सरितोः	सरित्सु		शरदि	शरदोः	शरत्सु
V	हे सरित्	हे सरितौ	हे सरितः		हे शरत्	हे शरदौ	हे शरदः
	river				Autumn (season)		
	हरित् green color, तटित् lightning				सम्पद् prosperity, आपद् adversity, मृद् earth		
	Use Template मरुत् m				Use Template सुहृद् m		

क्षुध्	धकारान्तः	क् ष् उ ध्	f
1	क्षुत्	क्षुधौ	क्षुधः
2	क्षुधम्	क्षुधौ	क्षुधः
3	क्षुधा	क्षुद्भ्याम्	क्षुद्भिः
4	क्षुधे	क्षुद्भ्याम्	क्षुद्भ्यः
5	क्षुधः	क्षुद्भ्याम्	क्षुद्भ्यः
6	क्षुधः	क्षुधोः	क्षुधाम्
7	क्षुधि	क्षुधोः	क्षुत्सु
V	हे क्षुत्	हे क्षुधौ	हे क्षुधः
Hunger, starvation			
युध् war, समिध् holy wood stick for havan, mango stick for fire ritual, वीरुध् creeper			

Masculine nouns also have a ध् ending word मर्माविध् = knower of secret. प्रभृतयः अपि एवम् एव ज्ञेयाः । मर्माविध् declines the same as क्षुध् and such masculine words are rare in literature.

सीमन् नकारान्तः स्ईम्अन्			f	सीमन्	न्	f
1	सीमा	सीमानौ	सीमानः	सीमा	सीमे	सीमाः
2	सीमानम्	सीमानौ	सीम्नः	सीमाम्	सीमे	सीमाः
3	सीम्ना	सीमभ्याम्	सीमभिः	सीमया	सीमाभ्यां	सीमाभिः
4	सीम्ने	सीमभ्याम्	सीमभ्यः	सीमायै	सीमाभ्यां	सीमाभ्यः
5	सीम्नः	सीमभ्याम्	सीमभ्यः	सीमायाः	सीमाभ्यां	सीमाभ्यः
6	सीम्नः	सीम्नोः	सीम्नाम्	सीमायाः	सीमयोः	सीमाणां
7	सीम्नि , सीमनि	सीम्नोः	सीमसु	सीमायां	सीमयोः	सीमासु
V	हे सीमन्	हे सीमानौ	हे सीमानः	हे सीमे	हे सीमे	हे सीमाः
Boundary (= limit)				Boundary, limit		
दामन् rope, garland				दामन् rope, garland		
Use Template राजन् m. However note that in राजन् forms, by sandhi ज् + न् = ज् + ञ् = ज्ञ । That does not occur here म् + न् = म्न ।				Use Template रमा f		
Words formed above with the addition of मन् (सी+मन्) do not take the feminine termination ई though they end in न् ।				This is the **optional declension** for words like सीमन् , दामन् etc		

अप्	पकारान्तः	प्	f
1	-	-	आपः
2	-	-	अपः
3	-	-	अद्भिः
4	-	-	अद्भ्यः
5	-	-	अद्भ्यः
6	-	-	अपाम्
7	-	-	अप्सु
V			हे आपः
	Water(s), saviour, purifier		
	Always in plural form only		

ककुभ्	भकारान्तः	भ्	f
1	ककुप्	ककुभौ	ककुभः
2	ककुभम्	ककुभौ	ककुभः
3	ककुभा	ककुब्भ्याम्	ककुब्भिः
4	ककुभे	ककुब्भ्याम्	ककुब्भ्यः
5	ककुभः	ककुब्भ्याम्	ककुब्भ्यः
6	ककुभः	ककुभोः	ककुभाम्
7	ककुभि	ककुभोः	ककुप्सु
V	हे ककुप्	हे ककुभौ	हे ककुभः
	direction		
	Synonym दिश् f		

गिर्	रेफान्तः	ग् इ र्	f		पुर्	र्	f
1	गीः	गिरौ	गिरः		पूः	पुरौ	पुरः
2	गिरम्	गिरौ	गिरः		पुरम्	पुरौ	पुरः
3	गिरा	गीर्भ्यां	गीर्भिः		पुरा	पूर्भ्यां	पूर्भिः
4	गिरे	गीर्भ्यां	गीर्भ्यः		पुरे	पूर्भ्यां	पूर्भ्यः
5	गिरः	गीर्भ्यां	गीर्भ्यः		पुरः	पूर्भ्यां	पूर्भ्यः
6	गिरः	गिरोः	गिराम्		पुरः	पुरोः	पुराम्
7	गिरि	गिरोः	गीर्षु		पुरि	पुरोः	पूर्षु
V	हे गीः	हे गिरौ	हे गिरः		हे पूः	हे पुरौ	हे पुरः
	speech				town, city		
	धुर् yoke, पुर् town, city				Same as गिर्		
	Synonym वाच् f						

दिव्	वकारान्तः	व्	f
1	द्यौः	दिवौ	दिवः
2	दिवम्	दिवौ	दिवः
3	दिवा	द्युभ्याम्	द्युभिः
4	दिवे	द्युभ्याम्	द्युभ्यः
5	दिवः	द्युभ्याम्	द्युभ्यः
6	दिवः	दिवोः	दिवाम्
7	दिवि	दिवोः	द्युषु
V	हे द्यौः	हे दिवौ	हे दिवः
Heaven, celestial region, area of subtle energies, world of light beings			
The case 1/1 spelling is same as that of गो m, f			

निश्	शकारान्तः श्		f		दिश्	श्	f
1	निट्	निशौ	निशः		दिक्	दिशौ	दिशः
2	निशम्	निशौ	निशः		दिशम्	दिशौ	दिशः
3	निशा	निड्भ्याम्	निड्भिः		दिशा	दिग्भ्याम्	दिग्भिः
4	निशे	निड्भ्याम्	विड्भ्यः		दिशे	दिग्भ्याम्	दिग्भ्यः
5	निशः	निड्भ्याम्	निड्भ्यः		दिशः	दिग्भ्याम्	दिग्भ्यः
6	निशः	निशोः	निशाम्		दिशः	दिशोः	दिशाम्
7	निशि	निशोः	निट्सु		दिशि	दिशोः	दिक्षु
V	हे निट्	हे निशौ	हे निशः		हे दिक्	हे दिशौ	हे दिशः
	night				direction		
विपाश् beas river in punjab					e.g. east, south west		
Use Template विश् m					Use Template तादृश् m		
Synonym निशा f declines like रमा, निशा । निशे । निशाः ।					Synonym ककुभ् f		

Notes – By Sandhi

The ending श् of dhatu-nouns (dhatus that form nouns) is changed to ट् or ड् (note that निश् is a noun). But the ending श् of dhatus (dhatus that form verbs) is changed to क् or ग् ।

प्रावृष्	षकारान्तः	ष्	f
1	प्रावृट्	प्रावृषौ	प्रावृषः
2	प्रावृषम्	प्रावृषौ	प्रावृषः
3	प्रावृषा	प्रावृड्भ्याम्	प्रावृड्भिः
4	प्रावृषे	प्रावृड्भ्याम्	प्रावृड्भ्यः
5	प्रावृषः	प्रावृड्भ्याम्	प्रावृड्भ्यः
6	प्रावृषः	प्रावृषोः	प्रावृषाम्
7	प्रावृषि	प्रावृषोः	प्रावृट्सु
V	हे प्रावृट्	प्रावृषौ	प्रावृषः
	Rainy season (shravan), monsoon		
	त्विष् lustre		
	Use Template द्विष् m		

भास्	सकारान्तः स्		f	आशिस्	स्	f
1	भाः	भासौ	भासः	आशीः	आशिषौ	आशिषः
2	भासम्	भासौ	भासः	आशिषम्	आशिषौ	आशिषः
3	भासा	भाभ्यां	भाभिः	आशिषा	आशीर्भ्यां	आशीर्भिः
4	भासे	भाभ्यां	भाभ्यः	आशिषे	आशीर्भ्यां	आशीर्भ्यः
5	भासः	भाभ्यां	भाभ्यः	आशिषः	आशीर्भ्यां	आशीर्भ्यः
6	भासः	भासोः	भासाम्	आशिषः	आशिषोः	आशिषाम्
7	भासि	भासोः	भास्सु	आशिषि	आशिषोः	आशिष्षु
V	हे भाः	हे भासौ	हे भासः	हे आशीः	हे आशिषौ	हे आशिषः
	Light (illumination), understanding			Blessing, grace		
	उषस् dawn					

उपानह्	हकारान्तः	ह्	f
1	उपानत्	उपानहौ	उपानहः
2	उपानहम्	उपानहौ	उपानहः
3	उपानहा	उपानद्भ्याम्	उपानद्भिः
4	उपानहे	उपानद्भ्याम्	उपानद्भ्यः
5	उपानहः	उपानद्भ्याम्	उपानद्भ्यः
6	उपानहः	उपानहोः	उपानहाम्
7	उपानहि	उपानहोः	उपानत्सु
V	हे उपानत्	हे उपानहौ	हे उपानहः
	Shoe (sandals), boots, alter ego		

Ending Consonants च, ज, त, द, न, र, श, ष, स, ह of Neuter words

हलन्तः नपुंसकलिङ्ग प्रकरणम् wrt Maheswar Sutras and the Alphabet

	अ इ उ ण्	1	क	ख	ग	घ	ङ
	ऋ ऌ क्	2	च	छ	ज	झ	ञ
	ए ओ ङ्	3	ट	ठ	ड	ढ	ण
	ऐ औ च्	4	त	थ	द	ध	न
र	हयवरट्	5	प	फ	ब	भ	म
	लँण्	6	य	र	ल	व	
न	ञमङणनम्	7	श	ष	श		
	झभञ्	8	ह				
	घढधष्	9					
ज, द	जबगडदश्	10					
च, त	खफछठथचटतव्	11					
	कपय्	12					
श, ष, स	शषसर्	13					
ह	हल्	14					

Most consonant ending neuter words are declined just the same as masculine words of appropriate ending, case 3 onwards.

सुवाच्	चकारान्तः	च्	n
1	सुवाक्	सुवाची	सुवाञ्चि
2	सुवाक्	सुवाची	सुवाञ्चि
3	सुवाचा	सुवाग्भ्याम्	सुवाग्भिः
4	सुवाचे	सुवाग्भ्याम्	सुवाग्भ्यः
5	सुवाचः	जलमुग्भ्याम्	सुवाग्भ्यः
6	सुवाचः	सुवाचोः	सुवाचाम्
7	सुवाचि	सुवाचोः	सुवाक्षु
V	हे सुवाक्	हे सुवाची	हे सुवाञ्चि
	Eloquent, orator		
	Template जलमुच् m (3rd case onwards)		

Notice that the upasarga सु + वाच् f made it सुवाच् neuter

असृज्	जकारान्तः	ज्	n
1	असृक्	असृजी	असृञ्जि
2	असृक्	असृजी	असृञ्जि
3	असृजा	असृग्भ्यां	असृग्भिः
4	असृजे	असृग्भ्यां	असृग्भ्यः
5	असृजः	असृग्भ्यां	असृग्भ्यः
6	असृजः	असृजोः	असृजाम्
7	असृजि	असृजोः	असृक्षु
V	हे असृक्	हे असृजी	हे असृञ्जि
	blood		
	Template वणिज् m (3rd case onwards)		

जगत्	तकारान्तः	त्	n
1	जगत्	जगती	जगन्ति
2	जगत्	जगती	जगन्ति
3	जगता	जगद्भ्याम्	जगद्भिः
4	जगते	जगद्भ्याम्	जगद्भ्यः
5	जगतः	जगद्भ्याम्	जगद्भ्यः
6	जगतः	जगतोः	जगताम्
7	जगति	जगतोः	जगत्सु
V	हे जगत्	हे जगती	हे जगन्ति
World (manifest creation), universe, conglomerate of name and form			
भास्वत् shining, गतवत् one who went, सुन्वत् extracting, तन्वत् stretching, रुन्धत् preventing, क्रीणत् buying, अदत् eating, बृहत् great, पृषत् waterdrop			
Template मरुत् m (3rd case onwards)			
जगत् is template for many neuter words			

मत्वन्ताः , वत्वन्ताः , etc. present participle active शतृ ending (roots of conjugations स्वादि 5c, तनादि 7c, रुधादि 8c, and क्रयादि 9c)

ददत्	तकारान्तः त्		n participle		तुदत्	त्	n participle
1	ददत्	ददती	ददति , ददन्ति		तुदत्	तुदन्ती , तुदती	तुदन्ति
2	ददत्	ददती	ददति , ददन्ति		तुदत्	तुदन्ती , तुदती	तुदन्ति
3	ददता	ददद्भ्यां	ददद्भिः		तुदता	तुदद्भ्यां	तुदद्भिः
4	ददते	ददद्भ्यां	ददद्भ्यः		तुदते	तुदद्भ्यां	तुदद्भ्यः
5	ददतः	ददद्भ्यां	ददद्भ्यः		तुदतः	तुदद्भ्यां	तुदद्भ्यः
6	ददतः	ददतोः	ददताम्		तुदतः	तुदतोः	तुदताम्
7	ददति	ददतोः	ददत्सु		तुदति	तुदतोः	तुदत्सु
V	हे ददत्	हे ददती	हे ददति , हे ददन्ति		हे तुदत्	हे तुदन्ती , हे तुदती	हे तुदन्ति
Giving (the act of, to give), Active present participle verb-noun. From 3c Root दा					Giving pain (the act of) Active present participle verb-noun. From 6c Root तुद्		
जुह्वत् sacrificing, शंसत् ruling, जक्षत् eating, चकासत् shining,दरिद्रत् one becoming poor,जाग्रत् being awake					पृच्छत् asking, मुञ्चत् releasing, यात् going, भात् shining, करिष्यत् one who will do		
Template मरुत् m (3rd case onwards)					Template मरुत् m (3rd case onwards)		

पचत्	तकारान्तः	त्	n participle
1	पचत्	पचन्ती	पचन्ति
2	पचत्	पचन्ती	पचन्ति
3	पचता	पचद्भ्याम्	पचद्भिः
4	पचते	पचद्भ्याम्	पचद्भ्यः
5	पचतः	पचद्भ्याम्	पचद्भ्यः
6	पचतः	पचतोः	पचताम्
7	पचति	पचतोः	पचत्सु
V	हे पचत्	हे पचन्ती	हे पचन्ति
cooking (the act of), Active present participle verb-noun. From 1c Root पच्			
भवत् being, दीव्यत् playing, चोरयत् stealing, चिकीर्षत् desiring to do, पुत्रीयत् desiring a child			
Template मरुत् m (3rd case onwards)			
Compare with masculine पचत्			
पचत् is Template for neuter present participles active voice शतृ कर्त्तरि प्रयोगः ।			

महत्	तकारान्तः	त्	n
1	महत्	महती	महान्ति
2	महत्	महती	महान्ति
3	महता	महद्भ्याम्	महद्भिः
4	महते	महद्भ्याम्	महद्भ्यः
5	महतः	महद्भ्याम्	महद्भ्यः
6	महतः	महतोः	महताम्
7	महति	महतोः	महत्सु
V	हे महत्	हे महती	हे महान्ति
	great		
	Compare with masculine महत्		
	Template मरुत् m (3rd case onwards)		

हृद्	दकारान्तः	द्	n
1	हृत्	हृदी	हृन्दि
2	हृत्	हृदी	हृन्दि
3	हृदा	हृद्भ्याम्	हृद्भिः
4	हृदे	हृद्भ्याम्	हृद्भ्यः
5	हृदः	हृद्भ्याम्	हृद्भ्यः
6	हृदः	हृदोः	हृदाम्
7	हृदि	हृदोः	हृत्सु
V	हे हृत्	हे हृदी	हे हृन्दि
	heart		
	Compare with masculine सुहृद्		
	Template सुहृद् m (3rd case onwards)		

नामन्	नकारान्तः	न्	n
1	नाम	नाम्नी , नामनी	नामानि
2	नाम	नाम्नी , नामनी	नामानि
3	नाम्ना	नामभ्याम्	नामभिः
4	नाम्ने	नामभ्याम्	नामभ्यः
5	नाम्नः	नामभ्याम्	नामभ्यः
6	नाम्नः	नाम्नोः	नाम्नाम्
7	नाम्नि , नामनि	नाम्नोः	नामसु
V	हे नामन् , हे नाम	हे नाम्नी , हे नामनी	हे नामानि
Name, label			
धामन् lustre, house, व्योमन् sky, हेमन् gold			
Template राजन् m (3rd case onwards). However note that in राजन् forms, by sandhi ज् + न् = ज् + ञ् = ज्ञ । That does not occur here. म् + न् = म्न ।			

कर्मन् नकारान्तः न्			n	ब्रह्मन्	न्	n
1	कर्म	कर्मणी	कर्मणि	ब्रह्म	ब्रह्मणी	ब्रह्मणि
2	कर्म	कर्मणी	कर्मणि	ब्रह्म	ब्रह्मणी	ब्रह्मणि
3	कर्मणा	कर्मभ्यां	कर्मभिः	ब्रह्मणा	ब्रह्मभ्यां	ब्रह्मभिः
4	कर्मणे	कर्मभ्यां	कर्मभ्यः	ब्रह्मणे	ब्रह्मभ्यां	ब्रह्मभ्यः
5	कर्मणः	कर्मभ्यां	कर्मभ्यः	ब्रह्मणः	ब्रह्मभ्यां	ब्रह्मभ्यः
6	कर्मणः	कर्मनोः	कर्मनां	ब्रह्मणः	ब्रह्मनोः	ब्रह्मनां
7	कर्मणि	कर्मनोः	कर्मसु	ब्रह्मणि	ब्रह्मनोः	ब्रह्मसु
V	हे कर्मन् , हे कर्म	हे कर्मणी	हे कर्मणि	हे ब्रह्मन् , हे ब्रह्म	हे ब्रह्मणी	हे ब्रह्मणि
Action, physical or mental work				Primal soul, supreme consciousness, ultimate reality of scriptures		
ब्रह्मन् soul, जन्मन् birth, शर्मन् happiness, वर्मन् armour, वेश्मन् house, सद्मन् house				declines same as कर्मन्		
Template आत्मन् m (3rd case onwards)				Template ब्रह्मन् m (3rd case onwards)		

अहन्	नकारान्तः न्		n
1	अहः	अह्नी , अहनी	अहानि
2	अहः	अह्नी , अहनी	अहानि
3	अह्ना	अहोभ्याम्	अहोभिः
4	अह्ने	अहोभ्याम्	अहोभ्यः
5	अह्नः	अहोभ्याम्	अहोभ्यः
6	अह्नः	अह्नोः	अह्नाम्
7	अह्नि , अहनि	अह्नोः	अहस्सु
V	हे अहः	अह्नी , अहनी	अहानि
Day, the 24-hour span			
A rare neuter declension that does not have a corresponding masculine template			
Pronounce अह्न as अनः (अनह aspirated – **anh** rather than ***ahn***). This is one of the rare words in Sanskrit that is not pronounced as it is written!			

गुणिन्	नकारान्तः	न्	n adjective
1	गुणि	गुणिनी	गुणीनि
2	गुणि	गुणिनी	गुणीनि
3	गुणिना	गुणिभ्यां	गुणिभिः
4	गुणिने	गुणिभ्यां	गुणिभ्यः
5	गुणिनः	गुणिभ्यां	गुणिभ्यः
6	गुणिनः	गुणिणोः	गुणिणाम्
7	गुणिनि	गुणिणोः	गुणिषु
V	हे गुणिन् , हे गुणि	हे गुणिनी	हे गुणीनि
	meritorius		
	कुशलिन् happy, वाग्मिन् orator, दण्डिन् one having a stick (Dandiswami)		
	Template करिन् m (3rd case onwards)		

वार्	रेफान्तः	र्	n
1	वाः	वारी	वारि
2	वाः	वारी	वारि
3	वारा	वार्भ्यां	वार्भिः
4	वारे	वार्भ्यां	वार्भ्यः
5	वारः	वार्भ्यां	वार्भ्यः
6	वारः	वरोः	वराम्
7	वारि	वरोः	वार्षु
V	हे वाः	हे वारी	हे वारि
	Water, still waters, deep blue sea		
	Synonym वारी n		
	Template गिर् f (3rd case onwards)		

तादृश्	शकारान्तः	श्	n adverb
1	तादृक्	तादृशी	तादृंशि
2	तादृक्	तादृशी	तादृंशि
3	तादृशा	तादृग्भ्याम्	तादृग्भिः
4	तादृशे	तादृग्भ्याम्	तादृग्भ्यः
5	तादृशः	तादृग्भ्याम्	तादृग्भ्यः
6	तादृशः	तादृशोः	तादृशाम्
7	तादृशि	तादृशोः	तादृक्षु
V	हे तादृक्	हे तादृशी	हे तादृंशि
Such, like (like that, of that kind)			
ईदृश् of this kind, एतादृश् of this kind, कीदृश् of what kind?			
Template तादृश् m (3rd case onwards)			

By anusvara sandhi तादृन्शि to तादृंशि ।

सुत्विष्	षकारान्तः	ष्	n adjective
1	सुत्विट्	सुत्विषी	सुत्वींषि
2	सुत्विट्	सुत्विषी	सुत्वींषि
3	सुत्विषा	सुत्विड्भ्याम्	सुत्विड्भिः
4	सुत्विषे	सुत्विड्भ्याम्	सुत्विड्भ्यः
5	सुत्विषः	सुत्विड्भ्याम्	सुत्विड्भ्यः
6	सुत्विषः	सुत्विषोः	सुत्विषाम्
7	सुत्विषि	सुत्विषोः	सुत्विट्सु
V	हे सुत्विट्	हे सुत्विषी	हे सुत्वींषि
Lustrous (glowing), brilliant			
रत्नमुष् jewel thief, usually this is masculine; however if an animal or bird tries to steal something sparkling, it gets a neuter connotation.			
Template द्विष् m (3rd case onwards)			

By anusvara sandhi सुत्वीन्षि to सुत्वींषि ।

मनस्	सकारान्तः स्		n	हविस्	स्	n
1	मनः	मनसी	मनांसि	हविः	हविषी	हवींषि
2	मनः	मनसी	मनांसि	हविः	हविषी	हवींषि
3	मनसा	मनोभ्यां	मनोभिः	हविषा	हविर्भ्यां	हविर्भिः
4	मनसे	मनोभ्यां	मनोभ्यः	हविषे	हविर्भ्यां	हविर्भ्यः
5	मनसः	मनोभ्यां	मनोभ्यः	हविषः	हविर्भ्यां	हविर्भ्यः
6	मनसः	मनसोः	मनसाम्	हविषः	हविषोः	हविषाम्
7	मनसि	मनसोः	मनस्सु	हविषि	हविषोः	हविष्षु
V	हे मनः	हे मनसी	हे मनांसि	हे हविः	हे हविषी	हे हवींषि

Mind, the thought machine, opinion	Oblation (the offering in a fire ritual, e.g. ghee)
तपस् penance, यशस् fame, गरीयस् heavier, श्रेयस् best, तमस् ignorance	सर्पिस् ghee, ज्योतिस् light, glow, रोचिस् light
Template वेधस् m (3rd case onwards)	Neuter that doesn't have corresponding masculine template
Any words ending in ईयस् e.g. गरीयस् , अपि also क्लीबे in neuter एवमेव । decline like this only.	

By anusvara sandhi मनान्सि to मनांसि । हवीन्षि to हवींषि । 8.3.24 नश्चापदान्तस्य झलि ।

वपुस्	सकारान्तः स्		n	तस्थिवस्	तस् थि वस्	n
1	वपुः	वपुषी	वपूंषि	तस्थिवत्	तस्थुषी	तस्थिवांसि
2	वपुः	वपुषी	वपूंषि	तस्थिवत्	तस्थुषी	तस्थिवांसि
3	वपुषा	वपुर्भ्यां	वपुर्भिः	तस्थुषा	तस्थिवद्भ्यां	तस्थिवद्भिः
4	वपुषे	वपुर्भ्यां	वपुर्भ्यः	तस्थुषे	तस्थिवद्भ्यां	तस्थिवद्भ्यः
5	वपुषः	वपुर्भ्यां	वपुर्भ्यः	तस्थुषः	तस्थिवद्भ्यां	तस्थिवद्भ्यः
6	वपुषः	वपुषोः	वपुषाम्	तस्थुषः	तस्थुषोः	तस्थुषाम्
7	वपुषि	वपुषोः	वपुष्षु	तस्थुषि	तस्थुषोः	तस्थिवत्सु
V	हे वपुः	हे वपुषी	हे वपूंषि	हे तस्थिवत्	हे तस्थुषी	हे तस्थिवांसि
body				That which has stood (one who has stood)		
आयुस् life, चक्षुस् eye, धनुस् bow				ऊचिवस् that which has spoken, उपेयिवस् that which has approached		
Synonym शरीर m						
Declines same as हविस् n				Template विद्वस् m (3rd case onwards)		

By anusvara sandhi वपून्षि to वपूंषि । 8.3.24 नश्चापदान्तस्य झलि ।
Appearance of षकार by consonant sandhi 8.3.55 अपदान्तस्य मूर्धन्यः । 8.3.57 इण्कोः । 8.3.59 आदेशप्रत्यययोः । वप्+उ+स्+अजादि सुप् -> वप्+उ+ष्+अजादि सुप् ।

अम्भोरुह्	हकारान्तः	ह्	n
1	अम्भोरुट् /ड्	अम्भोरुही	अम्भोरुंहि
2	अम्भोरुट् /ड्	अम्भोरुही	अम्भोरुंहि
3	अम्भोरुहा	अम्भोरुड्भ्याम्	अम्भोरुड्भिः
4	अम्भोरुहे	अम्भोरुड्भ्याम्	अम्भोरुड्भ्यः
5	अम्भोरुहः	अम्भोरुड्भ्याम्	अम्भोरुड्भ्यः
6	अम्भोरुहः	अम्भोरुहोः	अम्भोरुहाम्
7	अम्भोरुहि	अम्भोरुहोः	अम्भोरुट्सु
V	हे अम्भोरुट्	अम्भोरुही	अम्भोरुंहि
	Lotus, the soul of water		
	Template लिह् m (3rd case onwards)		

By anusvara sandhi अम्भोरुन्हि to अम्भोरुंहि ।

This ends the declined forms of simple words, regular words.

॥ इति हलन्त नपुंसकलिङ्ग प्रकरणम् ॥

॥ इति हलन्त प्रकरणम् ॥

॥ इति साधारणशब्द विभागः ॥

अथ सर्वनामशब्दः प्रकरणम् Pronouns

There are 35 pronouns classified under 6 types:

1 Personal Pronouns - I, you, he

2 Relative Pronouns – that, which

3 Interrogative Pronouns – who, what

4 Demonstrative Pronouns - this, that

5 Numeral Pronouns – one, two, both

6 Directional Pronouns – eastern, outer

Notes

- There is no Vocative case for personal pronouns.
- There is a word with same spelling अन्यतम but is not a pronoun, and that declines like राम m
- सम when it means 'all' is a pronoun, but when it means 'equal to' it is not and declines like राम m
- Relative distances of demonstrative pronouns
    - इदम् closest, e.g. my body
    - एतद् close, e.g. my dress
    - अदस् distant, e.g. the fan
    - तद् far away, not seen, e.g. beyond yonder hill

Various meanings of एकword

- एक one, article "a"
- अल्प little

- प्रधान chief
- प्रथम foremost
- केवल sole
- साधारण common
- समान same
- संख्या the number 1

Personal Pronouns – No Vocative

अस्मद्	दकारान्तः	द्	mfn
1	अहम्	आवाम्	वयम्
2	माम् , मा	आवाम् , नौ	अस्मान् , नः
3	मया	आवाभ्याम्	अस्माभिः
4	मह्यम् , मे	आवाभ्याम् , नौ	अस्मभ्यम् , नः
5	मत्	आवाभ्याम्	अस्मत्
6	मम , मे	आवयोः , नौ	अस्माकम् , नः
7	मयि	आवयोः	अस्मासु
I, we, me, my, mine, our			
In vedic texts, नः is seen as नो by visarga sandhi			

The optional forms मा, मे, नौ, नः etc are not used while:

- Beginning a sentence

- Beginning a verse
- Beginning a पाद् of a श्लोक
- Before particles च, ह, हा, अह, एव

Personal Pronouns – No Vocative

युष्मद्	दकारान्तः	द्	mfn
1	त्वम्	युवाम्	यूयम्
2	त्वाम् , त्वा	युवाम् , वाम्	युष्मान् , वः
3	त्वया	युवाभ्याम्	युष्माभिः
4	तुभ्यम् , ते	युवाभ्याम् , वाम्	युष्मभ्यम् , वः
5	त्वत्	युवाभ्याम्	युष्मत्
6	तव , ते	युवयोः , वाम्	युष्माकम् , वः
7	त्वयि	युवयोः	युष्मासु
thou, you, your, yours			
In texts, वः is seen as वो by visarga sandhi. वाम् is seen as वां by anusvara sandhi.			

i.e.,

for the sentence 'and mine' we will only use मम च and not मे च ।

for the sentence 'and to me' we will only use मह्यम च and not मे च ।

Personal Pronouns – No Vocative

भवत्	तकारान्तः	त्	m
1	भवान्	भवन्तौ	भवन्तः
2	भवन्तम्	भवमन्तौ	भवतः
3	भवता	भवद्भ्याम्	भवद्भिः
4	भवते	भवद्भ्याम्	भवद्भ्यः
5	भवतः	भवद्भ्याम्	भवद्भ्यः
6	भवतः	भवतोः	भवताम्
7	भवति	भवतोः	भवत्सु
Thee, your honour, respectful address			
Template धीमत् m			

Note while addressing a Guru or very senior person, we use the plural form instead of singular form.

Otherwise for addressing someone respectfully (even a child or a friend) we use the singular form.

Personal Pronouns – No Vocative

भवती	ईकारान्तः	ई	f
1	भवती	भवत्यौ	भवत्यः
2	भवतीम्	भवत्यौ	भवतीः
3	भवत्या	नदीभ्याम्	भवतीभिः
4	भवत्यै	नदीभ्याम्	भवतीभ्यः
5	भवत्याः	नदीभ्याम्	भवतीभ्यः
6	भवत्याः	भवत्योः	भवतीनाम्
7	भवत्याम्	भवत्योः	भवतीषु
Thee, your honour female, respectful address to a senior person			
Template नदी f			

Further to the respect aspect plural or singular usage, these words are used with the 3rd person प्रथम पुरुषः verb form as in Your honour goes –

भवान् गच्छति / भवती गच्छति । (correct)

भवान् गच्छसि / भवती गच्छसि (incorrect spelling)

So, in the verb usage, apply the 3rd person and not the 2nd person, even though the noun is a 2nd person word!

Personal Pronouns – No Vocative

भवत्	तकारान्तः	त्	n
1	भवान्	भवती	भवन्ति
2	भवान्	भवती	भवन्ति
3	भवता	भवद्भ्याम्	भवद्भिः
4	भवते	भवद्भ्याम्	भवद्भ्यः
5	भवतः	भवद्भ्याम्	भवद्भ्यः
6	भवतः	भवतोः	भवताम्
7	भवति	भवतोः	भवत्सु
Thee, your honour, when spoken to the Divine or a reverential element or principle			
Template जगत् n			

Personal Pronouns – No Vocative

स्व	अकारान्तः	अ	mfn
1	स्वः	स्वौ	स्वाः
2	स्वम्	स्वौ	स्वान्
3	स्वेन	स्वाभ्याम्	स्वैः
4	स्वाय	स्वाभ्याम्	स्वेभ्यः
5	स्वात्	स्वाभ्याम्	स्वेभ्यः
6	स्वस्य	स्वयोः	स्वानाम्
7	स्वे	स्वयोः	स्वेषु
One's own, oneself			
Template राम m			

Relative Pronouns – No Vocative

यद्	दकारान्तः	द्	m	यद्	द्	neuter
1	यः	यौ	ये	यत्	ये	यानि
2	यम्	यौ	यान्	यत्	ये	यानि
3	येन	याभ्याम्	यैः	येन	याभ्याम्	यैः
4	यस्मै	याभ्याम्	येभ्यः	यस्मै	याभ्याम्	येभ्यः
5	यस्मात्	याभ्याम्	येभ्यः	यस्मात्	याभ्याम्	येभ्यः
6	यस्य	ययोः	येषाम्	यस्य	ययोः	येषाम्
7	यस्मिन्	ययोः	येषु	यस्मिन्	ययोः	येषु
Who, the one that (male)				Who, it, that (neuter)		
यतरद् mn , यतमद् mn				Template यद् m (3rd case onwards)		

यद्	दकारान्तः	द्	feminine
1	या	ये	याः
2	याम्	ये	याः
3	यया	याभ्याम्	याभिः
4	यस्यै	याभ्याम्	याभ्यः
5	यस्याः	याभ्याम्	याभ्यः
6	यस्याः	ययोः	यासाम्
7	यस्याम्	ययोः	यासु
Who, the one that (female)			
यतरद् , यतमद् in that of the two			

Interrogative Pronouns – No Vocative

किम्	मकारान्तः म्		m	किम्	म्	neuter
1	कः what	कौ	के	किम्	के	कानि
2	कम् whom	कौ	कान्	किम्	के	कानि
3	केन how	काभ्याम्	कैः	केन	काभ्याम्	कैः
4	कस्मै whom	काभ्याम्	केभ्यः	कस्मै	काभ्याम्	केभ्यः
5	कस्मात् whom	काभ्याम्	केभ्यः	कस्मात्	काभ्याम्	केभ्यः
6	कस्य whose	कयोः	केषाम्	कस्य	कयोः	केषाम्
7	कस्मिन् where, when	कयोः	केषु	कस्मिन्	कयोः	केषु
What?				What? (neuter thing or animal)		
कतरम् , कतमम् which of the two?				Template यद् m (3rd case onwards)		

Note

कतरम् – कतरत् १/१ , कतरत् २/१

कतमम् – कतमत् १/१, कतमत् २/१

Interrogative Pronouns – No Vocative

किम्	मकारान्तः	म्	f
1	का what	के	काः
2	काम् whom	के	काः
3	कया how	काभ्याम्	काभिः
4	कस्यै whom	काभ्याम्	काभ्यः
5	कस्याः whom	काभ्याम्	काभ्यः
6	कस्याः whose	कयोः	कासाम्
7	कस्याम् where, when	कयोः	कासु
	What? questioning a female		
	कतरम् , कतमम्		

Demonstrative Pronouns – No Vocative

तद्	दकारान्तः	द्	m	एतद्	द्	m
1	सः	तौ	ते	एषः	एतौ	एते
2	तम्	तौ	तान्	एतम् , एनम्	एतौ , एनौ	एतान् , एनान्
3	तेन	ताभ्याम्	तैः	एतेन , एनेन	एताभ्याम्	एतैः
4	तस्मै	ताभ्याम्	तेभ्यः	एतस्मै	एताभ्याम्	एतेभ्यः
5	तस्मात्	ताभ्याम्	तेभ्यः	एतस्मात्	एताभ्याम्	एतेभ्यः
6	तस्य	तयोः	तेषाम्	एतस्य	एतयोः , एनयोः	एतेषाम्
7	तस्मिन्	तयोः	तेषु	एतस्मिन्	एतयोः , एनयोः	एतेषु
	He, his, that male, theirs			He, his, this male, theirs		
	त्यद् that, indeed					

The optional forms एनम् , एनेन , etc. are to be used when there is an अन्वादेश , i.e. the main form has already been used once, and the paragraph is further continuing.

तद्	दकारान्तः	द्	f	एतद्	द्	f
1	सा	ते	ताः	एषा	एते	एताः
2	ताम्	ते	ताः	एताम् , एनाम्	एते , एने	एताः , एनाः
3	तया	ताभ्याम्	ताभिः	एतया , एनया	एताभ्याम्	एताभिः
4	तस्यै	ताभ्याम्	ताभ्यः	एतस्यै	एताभ्याम्	एताभ्यः
5	तस्याः	ताभ्याम्	ताभ्यः	एतस्याः	एताभ्याम्	एताभ्यः
6	तस्याः	तयोः	तासाम्	एतस्याः	एतयोः , एनयोः	एतासाम्
7	तस्याम्	तयोः	तासु	एतस्याम्	एतयोः , एनयोः	एतासु
sHe, her, that female, theirs				sHe, her, this female, theirs		
त्यद् f that, indeed						

Note - Use the optional form at the time of subsequent mention of a thing already mentioned, not in first use.

Demonstrative Pronouns–No Vocative-Neuter

तद्	दकारान्तः	द्	n	तद्	द्	n
1	तत्	ते	तानि	एतत्	एते	एतानि
2	तत्	ते	तानि	एतत्	एते	एतानि
3	तेन	ताभ्याम्	तैः	एतेन	एताभ्याम्	एतैः
4	तस्मै	ताभ्याम्	तेभ्यः	एतस्मै	एताभ्याम्	एतेभ्यः
5	तस्मात्	ताभ्याम्	तेभ्यः	एतस्मात्	एताभ्याम्	एतेभ्यः
6	तस्य	तयोः	तेषाम्	एतस्य	एतयोः , एनयोः	एतेषाम्
7	तस्मिन्	तयोः	तेषु	एतस्मिन्	एतयोः , एनयोः	एतेषु
it, that, that neuter, it's, theirs				It, this, this neuter, it's, theirs		
Template तद् m (3rd case onwards)				Template एतद् m (3rd case onwards)		
त्यद् n that, indeed						

इदम् मकारान्तः म्			m	इदम्	म्	n
1	अयम्	इमौ	इमे	इदम्	इमे	इमानि
2	इमम्, एनम्	इमौ,एनौ	इमान्, एनान्	इदम्, एनत्	इमे,एने	इमानि, एनानि
3	अनेन, एनेन	आभ्याम्	एभिः	अनेन, एनेन	आभ्याम्	एभिः
4	अस्मै	आभ्याम्	एभ्यः	अस्मै	आभ्याम्	एभ्यः
5	अस्मात्	आभ्याम्	एभ्यः	अस्मात्	आभ्याम्	एभ्यः
6	अस्य	अनयोः,एनयोः	एषाम्	अस्य	अनयोः,एनयोः	एषाम्
7	अस्मिन्	अनयोः,एनयोः	एषु	अस्मिन्	अनयोः,एनयोः	एषु
This (closest e.g. अक्ष soul). Usage in Upanishads				This (closest e.g. शरीरम् body). Usage in Upanishads		
				Template इदम् m (3rd case onwards)		

1/1 अयम् this, 2/1 इमम् this, 3/1 अनेन by this, 4/1 अस्मै to this, 5/1 अस्मात् from this, 6/1 अस्य of this, 7/1 अस्मिन् in this

Demonstrative Pronouns – No Vocative

इदम्	मकारान्तः	म्	f
1	इयम्	इमे	इमाः
2	इमाम्, एनाम्	इमे,एने	इमाः, एनाः
3	अनया, एनया	आभ्याम्	आभिः
4	अस्यै	आभ्याम्	आभ्यः
5	अस्याः	आभ्याम्	आभ्यः
6	अस्याः	अनयोः,एनयोः	आसाम्
7	अस्याम्	अनयोः,एनयोः	आसु
This (closest e.g. मति intellect) Usage in Upanishads			

Demonstrative Pronouns – No Vocative

<table>
<tr><td>अदस्</td><td>सकारान्तः</td><td>स्</td><td>m</td><td>अदस्</td><td>स्</td><td>n</td></tr>
<tr><td>1</td><td>असौ</td><td>अमू</td><td>अमी</td><td>अदः</td><td>अमू</td><td>अमूनि</td></tr>
<tr><td>2</td><td>अमुम्</td><td>अमू</td><td>अमून्</td><td>अदः</td><td>अमू</td><td>अमूनि</td></tr>
<tr><td>3</td><td>अमुना</td><td>अमूभ्यां</td><td>अमीभिः</td><td>अमुना</td><td>अमूभ्यां</td><td>अमीभिः</td></tr>
<tr><td>4</td><td>अमुष्मै</td><td>अमूभ्यां</td><td>अमीभ्यः</td><td>अमुष्मै</td><td>अमूभ्यां</td><td>अमीभ्यः</td></tr>
<tr><td>5</td><td>अमुष्मात्</td><td>अमूभ्यां</td><td>अमीभ्यः</td><td>अमुष्मात्</td><td>अमूभ्यां</td><td>अमीभ्यः</td></tr>
<tr><td>6</td><td>अमुष्य</td><td>अमुयोः</td><td>अमषाम्</td><td>अमुष्य</td><td>अमुयोः</td><td>अमषाम्</td></tr>
<tr><td>7</td><td>अमुष्मिन्</td><td>अमुयोः</td><td>अमीषु</td><td>अमुष्मिन्</td><td>अमुयोः</td><td>अमीषु</td></tr>
<tr><td colspan="4">This (over there, e.g. वृक्षः tree), Usage in Upanishads</td><td colspan="3">This (over there, e.g. गृहम् house), Usage in Upanishads, Template अदस् m (3rd case onwards)</td></tr>
</table>

Demonstrative Pronouns – No Vocative

अदस्	सकारान्तः	स्	f
1	असौ	अमू	अमूः
2	अमूम्	अमू	अमूः
3	अमुया	अमूभ्यां	अमूभिः
4	अमुष्यै	अमूभ्यां	अमूभ्यः
5	अमुष्याः	अमूभ्यां	अमूभ्यः
6	अमुष्याः	अमुयोः	अमूषाम्
7	अमुष्याम्	अमुयोः	अमूषु
This (over there, e.g. लता creeper), Usage in Upanishads			

Demonstrative Pronouns

त्वत्	तकारान्तः	त्	m	त्वत्	त्	n
1	त्वत्	त्वतौ	त्वतः	त्वत्	त्वती	त्वन्ति
2	त्वतम्	त्वतौ	त्वतः	त्वत्	त्वती	त्वन्ति
3	त्वता	त्वद्भ्याम्	त्वद्भिः	त्वता	त्वद्भ्याम्	त्वद्भिः
4	त्वते	त्वद्भ्याम्	त्वद्भ्यः	त्वते	त्वद्भ्याम्	त्वद्भ्यः
5	त्वतः	त्वद्भ्याम्	त्वद्भ्यः	त्वतः	त्वद्भ्याम्	त्वद्भ्यः
6	त्वतः	त्वतोः	त्वताम्	त्वतः	त्वतोः	त्वताम्
7	त्वति	त्वतोः	त्वत्सु	त्वति	त्वतोः	त्वत्सु
V	हे त्वत्	हे त्वतौ	हे त्वतः	हे त्वत्	हे त्वती	हे त्वन्ति
	Other			Other		
Template मरुत् m (2nd case onwards)				Template जगत् n		

त्वत्	तकारान्तः	त्	f
1	त्वत्	त्वतौ	त्वतः
2	त्वतम्	त्वतौ	त्वतः
3	त्वता	त्वद्भ्याम्	त्वद्भिः
4	त्वते	त्वद्भ्याम्	त्वद्भ्यः
5	त्वतः	त्वद्भ्याम्	त्वद्भ्यः
6	त्वतः	त्वतोः	त्वताम्
7	त्वति	त्वतोः	त्वत्सु
V	हे त्वत्	हे त्वतौ	हे त्वतः
	Other		
	Template सरित् f , Identical to त्वत् m		

Demonstrative Pronouns

सर्व		अ	m	सर्वा	आ	f	सर्व	अ	n
1	सर्वः	सर्वौ	सर्वे	सर्वा	सर्वे	सर्वाः	सर्वम्	सर्वे	सर्वाणि
2	सर्वम्	सर्वौ	सर्वान्	सर्वाम्	सर्वे	सर्वाः	सर्वम्	सर्वे	सर्वाणि
3	सर्वेण	सर्वाभ्यां	सर्वैः	सर्वया	सर्वाभ्यां	सर्वाभिः	सर्वेण	सर्वाभ्यां	सर्वैः
4	सर्वस्मै	सर्वाभ्यां	सर्वेभ्यः	सर्वस्यै	सर्वाभ्यां	सर्वाभ्यः	सर्वस्मै	सर्वाभ्यां	सर्वेभ्यः
5	सर्वस्मात्	सर्वाभ्यां	सर्वेभ्यः	सर्वस्याः	सर्वाभ्यां	सर्वाभ्यः	सर्वस्मात्	सर्वाभ्यां	सर्वेभ्यः
6	सर्वस्य	सर्वयोः	सर्वेषां	सर्वस्याः	सर्वयोः	सर्वासाम्	सर्वस्य	सर्वयोः	सर्वेषां
7	सर्वस्मिन्	सर्वयोः	सर्वेषु	सर्वस्यां	सर्वयोः	सर्वासु	सर्वस्मिन्	सर्वयोः	सर्वेषु
V	हे सर्व	हे सर्वौ	हे सर्वे	हे सर्वे	हे सर्वे	हे सर्वाः	हे सर्व	हे सर्वे	हे सर्वाणि
All, everybody, group									
विश्व all, एकतर one of the two, एकतम one of many, अन्य another, अन्यतर either of two, इतर other, त्व other, नेम half, सम all				विश्वा all			विश्व all, एकतर one of the two, सम all		

The neuter demonstrative pronouns ending in त् viz एकतमत् , अन्यत् , अन्यतरत् , इतरत् also have the above forms in 1/1, V/1, 2/1

There is a similar word अन्यतम m, that is not a pronoun and is declined like राम ।

When सम means ‘All’ it is a pronoun and declines as above, but when it is used to mean ‘equal’, then it is not a pronoun and declined like राम ।

सिम = all, pronoun (declines like ?)

डतर-डतमप्रत्ययान्त शब्दाः decline like सर्व m, above

Directional Pronouns

पूर्व		अ	m	पूर्वा	आ	f	पूर्व	अ	n
1	पूर्वः	पूर्वौ	पूर्वे , पूर्वाः	पूर्वा	पूर्वे	पूर्वाः	पूर्वम्	पूर्वे	पूर्वाणि
2	पूर्वम्	पूर्वौ	पूर्वान्	पूर्वाम्	पूर्वे	पूर्वाः	पूर्वम्	पूर्वे	पूर्वाणि
3	पूर्वेण	पूर्वाभ्यां	पूर्वैः	पूर्वया	पूर्वाभ्यां	पूर्वाभिः	पूर्वेण	पूर्वाभ्यां	पूर्वैः
4	पूर्वस्मै	पूर्वाभ्यां	पूर्वेभ्यः	पूर्वस्यै	पूर्वाभ्यां	पूर्वाभ्यः	पूर्वस्मै	पूर्वाभ्यां	पूर्वेभ्यः
5	पूर्वस्मात्, पूर्वात्	पूर्वाभ्यां	पूर्वेभ्यः	पूर्वस्याः	पूर्वाभ्यां	पूर्वाभ्यः	पूर्वस्मात्, पूर्वात्	पूर्वाभ्यां	पूर्वेभ्यः
6	पूर्वस्य	पूर्वयोः	पूर्वेषां	पूर्वस्याः	पूर्वयोः	पूर्वासाम्	पूर्वस्य	पूर्वयोः	पूर्वेषां
7	पूर्वस्मिन्, पूर्वे	पूर्वयोः	पूर्वेषु	पूर्वस्यां	पूर्वयोः	पूर्वासु	पूर्वस्मिन्, पूर्वे	पूर्वयोः	पूर्वेषु
V	हे पूर्व	पूर्वौ	पूर्वे , पूर्वाः	हे पूर्वे	हे पूर्वे	हे पूर्वाः	हे पूर्व	हे पूर्वे	हे पूर्वाणि
Eastern direction									
एवं षष्ठवर्गीय 'पर' other प्रभृतयः				एवं षष्ठवर्गीय 'परा' other प्रभृतयः			एवं षष्ठवर्गीय 'पर' other प्रभृतयः		
				Template सर्वा f			Template पूर्व m (3rd case onwards), Identical to सर्व n		

Directional Pronouns

उभ	अकारान्तः	अ	mfn
	m dual	f dual	n dual
1	उभौ	उभे	उभे
2	उभौ	उभे	उभे
3	उभाभ्याम्	उभाभ्याम्	उभाभ्याम्
4	उभाभ्याम्	उभाभ्याम्	उभाभ्याम्
5	उभाभ्याम्	उभाभ्याम्	उभाभ्याम्
6	उभयोः	उभयोः	उभयोः
7	उभयोः	उभयोः	उभयोः
V	हे उभौ	हे उभे	हे उभे
	both direction		
	नित्यं द्विवचनान्तः only dual case		

Directional Pronouns

उभय अ			m	उभयी ई		f	उभय		n
1	उभयः	-	उभये	उभयी	-	उभय्यः	उभयं	-	उभयानि
2	उभयम्	-	उभयान्	उभयीं	-	उभयीः	उभयं	-	उभयानि
3	उभयेन	-	उभयैः	उभय्या	-	उभयीभिः	उभयेन	-	उभयैः
4	उभयस्मै	-	उभयेभ्यः	उभय्यौ	-	उभयीभ्यः	उभयस्मै	-	उभयेभ्यः
5	उभयस्मात्	-	उभयेभ्यः	उभय्याः	-	उभयीभ्यः	उभयस्मात्	-	उभयेभ्यः
6	उभयस्य	-	उभयेषाम्	उभय्याः	-	उभयीनाम्	उभयस्य	-	उभयेषाम्
7	उभयस्मिन्	-	उभयेषु	उभय्यां	-	उभयीषु	उभयस्मिन्	-	उभयेषु
V	हे उभयः	-	उभये	हे उभयि	-	हे उभय्यः	हे उभय	-	हे उभयानि
both direction									
अस्य द्विवचनं नास्ति this does not have the dual case									
				Template नदी f			Template फल n		

Numeral Pronouns – No Vocative

एक	अकारान्तः	अ	mfn
singular	m	f	n
1	एकः	एका	एकम्
2	एकम्	एकाम्	एकम्
3	एकेन	एकया	एकेन
4	एकस्मै	एकस्यै	एकस्मै
5	एकस्मात्	एकस्याः	एकस्मात्
6	एकस्य	एकस्याः	एकस्य
7	एकस्मिन्	एकस्याम्	एकस्मिन्
one			
नित्यमेकवचनान्तः always singular case only			

However if these words are not used to mean numeral one, but thearticle “a”, then they will decline in a 7x3 matrix, with template सर्व ।

Usage as Article with Vocative

एक		अ	m	एका	आ	f	एक	अ	n
1	एकः	एकौ	एके	एका	एके	एकाः	एकम्	एके	एका नि
2	एकम्	एकौ	एकान्	एकाम्	एके	एकाः	एकम्	एके	एका नि
3	एकेन	एका भ्यां	एकैः	एकया	एका भ्यां	एका भिः	सर्वेण	एका भ्यां	एकैः
4	एक स्मै	एका भ्यां	एके भ्यः	एकस्यै	ऐका भ्यां	एका भ्यः	एक स्मै	एका भ्यां	एके भ्यः
5	एक स्मात्	एका भ्यां	एके भ्यः	एक स्याः	ऐका भ्यां	एका भ्यः	एक स्मात्	एका भ्यां	एके भ्यः
6	एक स्य	एक योः	एकेषां	एक स्याः	एक योः	एका साम्	एक स्य	एक योः	एकेषां
7	एक स्मिन्	एक योः	एकेषु	एकस्यां	एक योः	एकासु	एक स्मिन्	एक योः	एकेषु
V	हे एक	हे एकौ	हे एके	हे एके	हे एके	हे एकाः	हे एक	हे एके	हे एका नि
Article “a” Usage apart from number									

Numeral Pronouns – No Vocative

द्वि	इकारान्तः	इ	mfn
dual case	m	f	n
1	द्वौ	द्वे	द्वे
2	द्वौ	द्वे	द्वे
3	द्वाभ्याम्	द्वाभ्याम्	द्वाभ्याम्
4	द्वाभ्याम्	द्वाभ्याम्	द्वाभ्याम्
5	द्वाभ्याम्	द्वाभ्याम्	द्वाभ्याम्
6	द्वयोः	द्वयोः	द्वयोः
7	द्वयोः	द्वयोः	द्वयोः
two			
नित्यं द्विवचनान्तः only dual case			

त्रि	इकारान्तः	इ	mfn
plural	m	f	n
1	त्रयः	तिस्रः	त्रीणि
2	त्रीन्	तिस्रः	त्रीणि
3	त्रिभिः	तिसृभिः	त्रिभिः
4	त्रिभ्यः	तिसृभ्यः	त्रिभ्यः
5	त्रिभ्यः	तिसृभ्यः	त्रिभ्यः
6	त्रयाणाम्	तिसृणाम्	त्रयाणाम्
7	त्रिषु	तिसृषु	त्रिषु
three			
नित्यं बहुवचनान्तः only plural case			

अथ अव्यय प्रकरणम् Indeclinables

Avyaya - A word that has no gender, case or number, and that undergoes no change.

येषां पदानां लिङ्ग-विभक्ति-वचन-निमित्तकः रूपभेदः नास्ति तानि अव्ययानि इति उच्यन्ते ।

1 Know the indeclinable compounds

Near the town – उपनगरम्

In the tree – अधिवृक्षम्

Middle of the way – मध्येमार्गम्

2 Adjectives will become *avyaya* when used as *adverbs*

A beautiful path – सुन्दरं गमनम्

walks *beautifully* – सुन्दरं गच्छति

walk *beautifully* – सुन्दरं गच्छन्ति

walk *beautifully* – सुन्दरं गच्छसि

3 Some oft seen avyayas

Setting (sun) – अस्तम्

Bowing down, saluting, welcoming – नमः

Hail – स्वस्ति

Oblations – स्वाहा

Happiness – शम्

4 Verbs as avyayas

Exists – अस्ति

is not – नास्ति

I – अस्मि

It was Said, it so happened – आह

There was – आस

5a The ablative 5th case as avyaya

From father (पितुः) – पितृतः

From mother (मातुः) – मातृतः

From beginning – आदितः

From middle – मध्यतः

From voice - स्वरतः

5b the termination वत्

वत् is suffixed in the sense of 'equal' or 'like' तत्+वत् → तद्वत्

5c the termination शस्

Little by little – अल्पशः

Mostly – बहुशः

Bit by bit – खण्डशः

6 Past Participle avyayas

a the क्त प्रत्यय – क्तवान्तानि

गत्वा – having gone

कृत्वा – having done

दृष्ट्वा – having seen

b the य प्रत्यय - ल्यबन्तानि – added to upasarga prefixed dhatus

निर्+गत्य निर्गत्य having gone out

सन्+कृत्य संस्कृत्य having refined

सन्+दृश्य सन्दृश्य having interviewed

c the तुमुन् प्रत्यय – तुमुन्नन्तानि -

infinitive of purpose

गन्तुम् – to go

कर्तुम् – to do

द्रष्टुम् – to see

7 Pronoun avyayas in specific cases

शब्दः	1st case	3rd case	5th case
यद्	यत्	येन	यस्मात्
In the sense of 'because'			
तद्		तेन	
In the sense of 'therefore'			
पूर्व	पूर्वम्		
In the sense of 'previously', 'in ancient times'			

pronoun	avyaya	meaning
यद्	यदा	When
	यत्र	Where
	यथा	As
	यतः	Whence, since, because

pronoun	avyaya	meaning
तद्	तदा	Then, at that time
	तत्र	there
	तथा	So, hence
	तर्हि	Then, therefore

pronoun	avyaya	meaning
इदम्	इदानीम्	now
	अत्र	here
	इत्थम्	thus
	अतः	hence

pronoun	avyaya	meaning
किम्	कदा	When
	कुत्र	Where
	क्व	Where
	कथम्	How
	कुतः	Why, whence

pronoun	avyaya	meaning
सर्व	सर्वदा	Always
	सदा	always
	सर्वत्र	Everywhere, in all places
	सर्वथा	By all means
	सर्वतः	Everywhere, on all sides

pronoun	avyaya	meaning
अन्य	अन्यदा	In other times
	अन्यत्र	Elsewhere, in another place
	अन्यथा	Otherwise, in a different manner
	अन्यतः	From elsewhere

pronoun	avyaya	meaning
एक	एकदा	Once upon a time
	एकत्र	in one place
	एकतः	From one place

pronoun	avyaya	meaning
अदस्		
	अमुत्र	There in the next world
	अमुतः	From that place or person

pronoun	avyaya	meaning
पर		
	परत्र	in the next world, in another place
	परतः	Further, beyond

pronoun	avyaya	meaning
दक्षिण	दक्षिणतः	From south
	दक्षिणेन	To south

pronoun	avyaya	meaning
पूर्व	पूर्वत्र	in the preceding part, previuosly
	पूर्वतः	From the previous place, in front of

pronoun	avyaya	meaning
उभय	उभयथा	In both ways
	उभयत्र	In both places
	उभयतः	From both sides

pnoun	avyaya	meaning
उत्तर	उत्तरेण	To north
	उत्तरत्र	subsequently
	उत्तरतः	From north

8 Numeral Avyayas

सकृत् , एकवारम् once

द्विः , द्विवारम् twice

त्रिः , त्रिवारम् thrice

चतुः , चतुवारं four times

पञ्चकृत्वः , पञ्चवारं five times

षट्कृत्वः,षट्वारं six times … and so on

एकधा in one way

द्विधा, द्वेधा in two ways

त्रिधा, त्रेधा in three ways

चतुर्धा in four ways

पञ्चधा in five ways

षट्धा in six ways … and so on

Numbers chanted in Rudram Chamakam

Odd1,3,5,7,9,11,13,15,17,19,21,23,25,27,29,31,33

एकशः one by one

त्रिशः by threes

पञ्चशः by fives

शतशः by sixes

Even 4,8,12,16,20,24,28,32,36,40,44,48

चतुश्शः by fours

अष्टशः by eights

9 Time - day related indeclinables

अद्य today, अद्यत्वे now-a-days

उषा at dawn

श्वः tomorrow, परेद्युः, परेद्यवि next day

परश्वः day after tomorrow

अपरेद्यूः following day

ह्यः yesterday

सद्यः at once, अधुना, सम्प्रति now

इदानीम् just now

पूर्वम् in olden days

पूर्वेद्युः previous day

अन्येद्युः other day, following day

अन्यतरेद्युः on one of the two days

इतरेद्युः on another day

उत्तरेद्युः on the following day

उभयद्युः, उभयेद्युः on both days

ऐषमः during this year

परुत् last year

परारि year before last

10 some more indeclinables

अकस्मात् suddenly, at once

अचिरम्, अचिरेण, अचिराय, अचिरात्

Not long since, recently, quickly

अग्रे before

अज्ञ well

अजस्रम् constantly

अञ्जसा correctly, justly

अतीव exceedingly

अथ, अथो then, afterwards

अथ किम् what else?, Yes

अथवा or, rather

अद्धा truly, certainly

अधः, अधस्तात् below, down

अनिशम् incessantly

अन्तः in, into

अन्ततः at last, from the end

अन्तरा, अन्तरेण

except, without, (musical piece)

अन्यच्च, अपरंच moreover, besides

अपि even

अभितः near, close by

अभीक्ष्णम् frequently

अम् quickly, little

अमा together with, in company with

अरम् quickly

अर्वाक् before

अलम् enough of, sufficient for

अवश्यम् necessarily

असकृत् repeatedly

अहर्निशम् day n night

अह्नाय at once

आरात् near, at a distance

आविः openly, before the eyes

आम् Yes, affirmation

आहत्य on the whole

आहोस्वित् , उत, उताहो or

इति thus

इतिह in conformity to tradition

इव like, as

ईषत् slightly

उचै loudly

उत्तरम् then

उपरि, उपरिष्टात् on, over

उपान्शु secretly, in private

उषा early morning, at dawn

ऋतम् truly

ऋते without, except

एकपदे at once, suddenly

एव just, quite, too

एवम् thus, so

ॐ ओम् so be it, yes, blessing

कच्चित्, कच्चन I trust, I hope

कथञ्चन, कथञ्चित् with great difficulty

कथंनाम how indeed? Possibly how?

कदाचन, कदाचित् once

कामम् to one's satisfaction

किङ्किल what a pity

किञ्च moreover, again, however

किञ्चन, किञ्चित् little, somewhat, to a certain degree

किन्तु but, yet,however,nevertheless

किन्नु what indeed!, whether

किमुत how much more

किन्वा or

किन्स्वित् what, how

किल verily, indeed

किमु what then, how much more

कृतम् enough, no more of

केवलम् only, merely, simply

क्वचन, क्वचित्, कुत्रचित्, कुत्रचन in some place

खलु certainly, surely

च and

चित्, चन particles, added to किन् and its derivatives

कश्चित्, काचन a certain

चिरम्, चिरेण, चिराय, चिरात्, चिरस्य

For a long time

चिररात्राय for a period of many nights

चेत् if

जातु perhaps

जोषम् silently

झटिति, झडिति, झगिति quickly, at once

तथा च so

तथापि even then, still

तथा हि as for instnce

तथैव even so, just so

तदनु then

तरसा forcibly

तावत् so much

तिरः, तिर्थक् crrokedly across

तु but

तूष्णीम् silently

दिवा by day

दिष्ट्या fortunately

दुष्टु ill, in a bad manner

दूरम् deeply

दोषा at night

द्राक् quickly, forthwith

धिक् what a pity

ध्रुवम् surely, certainly

नक्तम् by night

न not

ननु indeed, surely

न कदाचित् never

न हि not at all

नाना in various ways

नाम by name, indeed

निकषा near, close by

निकामम् very much

नितान्तम् excessively

नीचैः low, below, gently

नूनम् certainly

न चेत्, नोचेत् if not

परम्, परन्तु but

परितः around

पर्याप्तम् enough, sufficiently, satisfactorily

पश्चात् behind, backwards, at last

पुनः, पुनर् again

पुनः पुनः again and again

पुरः, पुरस्तात् in front

पृथक् individually, separately

प्रकामम् exceedingly

प्रत्युत on the contrary

प्रसह्य forcibly

प्राक् before, at first

प्रातः, प्रातर् at dawn, early morning

प्राध्वम् crookedly

प्रायः, प्रायेण mostly

बलवत्, बलात् forcibly, strongly, powerfully

बहिः out, beside

भूयः exceedingly

भृशम् greatly

मङ्क्षु quickly

मनाक् a little

मा, मास्म, मास्तु no, do not, negative reply

माकिम् except

माचिरम् without delay

मिथः, मिथो to each other, secretly

मिथ्या wrongly, imaginarily

मुधा to no purpose

मुहुः often

मृषा falsely

यदि if

यावत् if, till, as much as

युगपत् simultaneously, happening together

वा or

विना without

विहायसा वृथा high up in the sky

वृथा in vain

वै verily, to be sure

शनैः gently, slowly

शश्वत्, शाश्वत् always, permanently

सततम्, सन्ततम् always

सपदि at once

समम् equally

समन्ततः on all sides

समया at a fixed time

समीपम्, समीपे near

समीचीनम् well, properly, good

सम्यक, साम्यक् well, in a good manner

सह with, together with

सहसा at once

सन्वत्, संवत् year

साकम् with

साचि crookedly, in a lopsided manner

सार्धम् with

साक्षात् in a person, in front of eyes

सामि half

साम्प्रतम् now, fitly

सायम् in the evening

सुष्टु well

स्थाने rightly, in place

स्वयम् oneself

स्वः heaven

हंहो ho, hello

हन्त alas

हा ho

हि because, indeed

हिरुक् without, except

Alphabetical – Sanskrit English

अक्का f substantive (noun) mother

अक्षि n sub eye

अदस् m pro

अदस् f pro

अदस् n pro

अनडुह्

अनादि n sub without beginning

अम्बा f sub mother

अम्बु n sub water

अल्ला f sub mother

अश्रु n sub teardrop

अष्टन्

अस्मद् mfn pro

अस्थि n sub bone

अहन्

आप् f sub

आशिस्

आस्य

इदम् m pro

इदम् f pro

इदम् n pro

इषु f sub arrow

उदक

उदच् m

उदच् n

उपानह्

उभ m

उभय m

उभा f

उशनस्

ऋत्विज् m sub sacrificial priest

एक m

एक n

एका f

एतद् m pro

एतद् f pro

एतद् n pro

ककुभ्

कति

कर्तृ m sub doer, maker

कर्तृ n sub doer

कर्त्री f sub doer

कर्मकृत् m sub businessman

कवि m sub poet

किम् m pro

किम् f pro

किम् n pro

क्रोष्टु

क्षमा f sub patience

गन्तृ n sub goer

गीर्

गुरु m sub teacher

गुरु n adj heavy

गो mf sub

गौरी f sub Parvati, goddess

ग्लौ

चञ्चु f sub beak

चतुर् m

चतुर् f

चतुर् n

चमू f sub army

जक्षत् 2c m prpa eating

जक्षान 2c m prpp having eaten

जरा

जलमुच् m sub cloud

जाग्रत् 2c m prpa watching

जाग्रान 2c m prpp having watched

जामातृ m sub son-in-law

ज्ञान n sub knowledge, wisdom

तद् m

तद् f

तद् n

तन्त्री f sub lute

तनु f sub body

तरी f sub boat

तादृश् m

तादृश् n

तिर्यच् m

तिर्यच् n

तुदत्

तुराषाह्

त्रि m num

त्रि f num

त्रि n num

त्विष्

ददत् 3c m prpa giving

दद◌ान 3c m prpp having given

दधत् 3c m prpa holding

दधान 3c m prpp having held

दधि

दन्त

दात्री f sub giver

दारु n sub timber, wood

दिविषद्

दिश्

दुहितृ f sub daughter

देव m sub god

देवी f sub goddess

देवृ m sub husband’s brother

दोष्

द्वार्

द्वि m

द्वि f

द्वि n

धन n sub wealth, riches

धनुह्

धातृ m sub creator, god

धी f sub intellect, mind

धीमत् mn adj

धेनु f sub

ननान्दृ f sub bua, aunt

नृ m sub man

नप्तृ m sub grandson

नामन्

नासिका f sub

निर्जर

निशा

नेत्र n sub eye

पचत्

पश्चन्

पति

पटु n sub clever

पथिन्

पयोमुच् m sub cloud

परिव्राज् m sub ascetic, wanderer

पाद

पितृ m sub

पिपठीष्

पुंस्

पूर्व

पूषन्

पृथु n adj wide, broad

प्रत्यच् m

प्रत्यच् n

प्रधी

प्राच्

फल n sub

बिभ्यत् 3c m prpa fearing

बिभ्यान 3c m prpp having feared

बुद्धि f sub intelligence, intellect, mind

ब्रह्मन्

भर्तृ m sub husband, master

भवत् m

भवत् n

भवत् m

भवती f

भवन्ती f

भानु m sub sun

भिषज् m sub doctor

भी f sub fear

भू f sub earth, planet

भूभृत् m sub king

भ्रातृ m sub brother

भ्रू f sub eyebrow

मघवन्

मति

मधु

मरुत् m sub wind, Hanuman

महत्

महीरुह्

मातृ f sub mother

माम्स

माला f sub garland

मुकुन्द m sub vishnu, god

मुनि m sub sage

मृदु n adj soft

यज्वन्

यद् m pro

यद् f pro

यद् n pro

यशस्विन्

यातृ f sub bhabhi

युवन्

युष्मद्

रत्नमुष्

रज्जु f sub rope

रमा

रवि m sub sun

राजन् m sub king

राज् m sub king

राम m sub Rama, god

रुचि f sub taste, liking, interest

रै

लक्ष्मी f sub Lakshmi, goddess

लघु n sub short

लज्जा f sub shame

लिह्

वक्तृ m sub speaker

वक्तृ n sub speaker

वचस्

वधू

वन n sub forest

वस्तु n sub thing, reality, brahman

वाच्

वाणि f sub speech, Saraswati

वारि

विद्वस्

विधि f sub fate

विश्

विष्णु m sub Vishnu, god

विश्वपा

विश्वजित् m sub a sacrifice, ritual

विश्वसृज् m sub Creator, god

वृत्रहन्

वेद m sub Veda, scripture

वेधस्

शम्भु m sub Shiva, god

शासत् 2c m prpa ruling

शासान 2c m prpp having ruled

शिव m sub Shiva, god

श्री

श्रीपति m sub Vishnu, god

श्रुति f sub hearing, scripture

श्वन्

श्वश्रू f sub mother-in-law

सक्थि n sub thigh

सखि f sub girl-friend

सव्येष्ट m sub charioteer

सम्राज् m sub emperor

सर्व m

सर्व n

सर्वा

सानु

सीता f sub Sita, goddess

सुधि

सुधी

सुपाद्

सुभ्रू lovely woman

सुमनस्

सुरभि n adj fragrant

सुवाच् m adj eloquent

सूनु m sub son

सोमसुत् m sub soma distiller

स्त्री

स्रज्

स्वभू

स्वसृ

हर m sub Shiva, god

हरि m sub Vishnu, god

ह्री f sub shame

हुतभुज् m sub fire

हृदय

Gender vs. Ending Alphabet Letter

पुल्लिङ्गः	स्त्रीलिङ्गः	नपुंसकलिङ्गः	← लिङ्गः _कारान्तः ↓
राम देव मुकुन्द शिव हर सर्व पूर्व उभ उभय एक	-	फल ज्ञान वन धन नेत्र सर्व एक	अ
विश्वपा (no template)	रमा माला सीता नासिका क्षमा सर्वा उभा एका	-	आ

हरि पति सखि कति द्वि त्रि	मति द्वि त्रि	वारि सुधि दधि द्वि त्रि	इ
सुधी (no template)	गौरी स्त्री श्री लक्ष्मी भवती	-	ई
गुरु विष्णु	धेनु	मधु सानु	उ
स्वयंभू (no template)	वधू भ्रू		ऊ

धातृ पितृ	स्वसृ मातृ	कर्तृ	ऋ
रै	रै	-	ऐ
गो	गो	-	ओ
ग्लौ	नौ	-	औ
पयोमुच् प्राच् प्रत्यच् उदच् तिर्यच्	वाच्	प्रत्यच् तिर्यच् उदच्	च्
भिषज् परिव्राज्	स्रज्		ज्

मरुत् महत् भवत् धीमत् भवत्		पचत् ददत् तुदत् अदत् भवत्	त्
दिविषद् सुपाद् तद् यद् एतद् युष्मद् अस्मद्	तद् यद् एतद्	तद् यद् एतद्	द्
राजन् यज्वन्		ब्रह्मन् नामन्	न्

यशस्विन् पूषन् वृत्रहन् मघवन् श्वन् युवन् पथिन् पञ्चन् अष्टन्		अहन्	
	आप्		प्
	ककुभ्		भ्
किम् इदम्	किम् इदम्	किम् इदम्	म्

	गीर् द्वार्	वार्	र्
विश् तादृश्	दिश्	तादृश्	श्
रत्नमुष् द्विष्	प्रावृष् त्विष्		ष्
वेधस् विद्वस् पुंस् दोस् अदस्	भास् आशिस् अदस्	वचस् अदस्	स्
लिह् महीरुह्	उपानह्	अम्भोरुह्	ह्

Ashtadhyayi Sutras 8.2.1 to end त्रिपादी

8.2.1 पूर्वत्र असिद्धम् । This is the famous त्रिपादी section of the Ashtadhyayi, i.e. 8.2, 8.3 and 8.4 the three padas.

The changes to words or letters or affixes or Sandhis by the Rules stated in the following 3 padas of Ashtadhyayi, viz. 8.2, 8.3, 8.4, are not seen by the earlier.

- Work done in this त्रिपादी section of the Ashtadhyayi is as if NOT done when one loops back to the padas 1.1 through to 8.1 end.
- Work done in this त्रिपादी section is NOT seen by any previous Sutra within this त्रिपादी section also.

This holds relevance since sometimes we need to loop through the Ashtadhyayi again from the beginning while deriving the final form of a Word or a Sandhi.

Whenever this is the case, any changes done in the त्रिपादी section 8.2, 8.3 and 8.4 need to be discarded.

Relevant Ashtadhyayi Sutras

1.1.1 वृद्धिरादैच् । Vriddhi letters are आ ऐ औ

1.1.2 अदेङ्गुणः । Guna letters are अ ए ओ

1.1.3 इको गुणवृद्धी । Guna substitution for Final इक् vowel in Dhatu

1.1.4 न धातुलोप आर्धधातुके । But not when root-letter-dropping-आर्धधातुक affix follows

1.1.5 क्ङिति च । And not when कित्-गित्-ङित्-आर्धधातुक affix follows

1.1.7 हलोऽनन्तराः संयोगः । The group of two or more consonants without intervening vowel is named संयोग conjunct consonant.

1.1.8 मुखनासिकावचचनोऽनुनासिकः । Anunasika is that which is spoken simultaneously from Mouth and Nose

1.1.9 तुल्यास्यप्रयत्नं सवर्णम् । Soft Palate etc. Place of Utterance and Effort in Utterance of whose are same are called homogeneous letters or the correct letter for replacement.

1.1.11 ईदूदेद् द्विवचनं प्रगृह्यम् । Definition of Pragrihyam

1.1.12 अदसो मात् । Pragrihyam

1.1.14 निपात एकाजनाङ् । Pragrihyam

1.1.15 ओत् । Pragrihyam

1.1.16 सम्बुद्धौ शाकल्यस्येतावनार्षे । Optional Pragrihyam

1.1.49 षष्ठी स्थानेयोगा । 6th case vibhakti indicates स्थानी

1.1.50 स्थानेऽन्तरतमः । आदेश is that which is closest in homogeneity to स्थानी

1.1.51 उरण् रपरः । Guna letters extension अर् अल्

1.1.52 अलोऽन्त्यस्य । Final letter of स्थानी is the स्थानी

1.1.53 ङिच्च । Extension to स्थानी Letter

1.1.54 आदेः परस्य । Exception to स्थानी Letter

1.1.55 अनेकाल् शित् सर्वस्य । Extension to स्थानी Letter

1.1.60 अदर्शनं लोपः । Invisibility or dropping Definition

1.1.66 तस्मिन्निति निर्दिष्टे पूर्वस्य । 7th case vibhakti indicates स्थानी is the word that is immediately preceding the 7th case word.

1.1.67 तस्मादित्युत्तरस्य । 5th case vibhakti indicates स्थानी is the word that is immediately following the 5th case word.

1.1.69 अण् उदित् सवर्णस्य च अप्रत्यय । Definition of Pratyahara अण् and Definition of उदित्

1.1.70 तपरस्तत्कालस्य । तकार at end of a letter signifies that letter alone in fixed time length in all its variations. अत्=अ,अँ,अं, अ॒ ।

1.2.4 सार्वधातुकम् अपित् । Guna sunstitution overruled for अपित् सार्वधातुक affixes

1.2.27 ऊकालोऽज्झ्रस्वदीर्घप्लुतः । Time Units 1, 2, 3 resp. correspond to ह्रस्व , दीर्घ , प्लुत

1.2.28 अचश्च । Terms ह्रस्व , दीर्घ , प्लुत are applied to Vowels only

1.3.10 यथा संख्यम् अनुदेशः समानम् । Definition of Corresponding and Respectiveness of letters.

1.4.2 विप्रतिषेधे परं कार्यम् । When two succeding Sutras give contradictory results, apply the later Sutra of these.

1.4.10 ह्रस्वं लघु । Definition of लघु letter

1.4.11 संयोगे गुरु । Definition of गुरु letter

1.4.12 दीर्घश्च । Definition of दीर्घ letter

1.4.109 परः संनिकर्षः संहिता । Definition of Sandhi situation

1.4.110 विरामोऽवसानम् । Pause or stop in Speech is named अवसान ।

6.1.72 संहितायाम् । Governing Domain of Sandhi starts

6.1.73 छे च । When तुक् आगमः happens

6.1.77 इको यणचि । इक्+dissimilar vowel gives यण् letter + vowel

6.1.78 एचोऽयवायावः । एच् + अच् gives अय्/अव् + अच्

6.1.84 एकः पूर्वपरयोः । A Single letter replaces both letters facing each other during Sandhi

6.1.87 आद्गुणः । अवर्ण+इक् → both replaced by guna letter

6.1.88 वृद्धिरेचि । अवर्ण+एच् → both replaced by vriddhi letter

6.1.90 आटश्च । Vriddhi of आट् augment, Conjugation process of Past Tense लङ्

6.1.94 एङि पररूपम् । अपदान्त अ+गुण letter, both replaced by गुण letter. An exception to Savarna Dirgha & Vriddhi Sandhis.

6.1.95 ओमाङोश्च । अ followed by ओं(ॐ) dropped. Also अ followed by upasarga particle आ dropped

6.1.101 अकः सवर्णे दीर्घः । दीर्घ replaces two same or similar ह्रस्व

6.1.109 एङः पदान्तादति । पदान्त एच्+अ then अ gets elided to ऽ. An exception to अयाव् sandhi

6.1.113 अतो रोर् अप्लुतादप्लुते । अकार रुँ + अकार →अकार उ + अकार

6.1.125 प्लुतप्रगृह्या अचि नित्यम् । Sandhi stopped for प्रगृह्यम् / प्लुत words

6.1.127 इकोऽसवर्णे शाकल्यस्य ह्रस्वश्च । An opinion of ancient grammarian Shakalya who preceded Panini

6.1.128 ऋत्यकः । Another note by grammarian Shakalya

6.4.77 अचि श्नुधातुभ्रुवां य्वोरियङुवङौ । इवर्ण + Vowel gives इय् +Vowel, उवर्ण + Vowel gives उव् + Vowel. An Exception to Yan Sandhi.

7.2.115 अचोञ्णिति । Vriddhi substitution of final अच् vowel

7.2.116 अत उपधायाः । Vriddhi substitution of penultimate अकार vowel.

7.3.84 सार्वधातुकार्धधातुकयोः । Guna Substitution due to all dhatu affixes.

7.3.86 पुगन्तलघूपधस्य च । Guna Substitution for penultimate short इक् vowel of Dhatu.

7.4.28 रिङ् शयग्-लिङ्क्षु । ऋ changes to रि ।

8.2.1 पूर्वत्र असिद्धम् । The famous त्रिपादी section that is invisible to the earlier sutras in the Ashtadhyayi.

8.2.30 चोः कुः । चवर्ग + झल् → कवर्ग + झल् । Also, a Word ending in चवर्ग changes to word ending in कवर्ग ।

8.2.39 झलां जशोऽन्ते । Word ending in झल् changes to word. ending in जश् ।

8.2.66 ससजुषोः रुँ । Word ending in स् → रुँ ।

8.3.6 पुमः खय्यम् परे । पुम् + खय् + अम् → पु रुँ + खय् + अम् ।

8.3.7 नश्छव्यप्रशान् । Except to प्रशान् , other Final न् + छव् + अम् → Final रुँ + छव् + अम् ।

8.3.19 लोपः शाकल्यस्य । य् लोपः optional after अयाव् Sandhi

8.3.23 मोऽनुस्वारः । Final म्+हल् , makara changes to anusvara

8.3.24 नश्चापदान्तस्य झलि । An internal म्/न् + झल् , Anusvara appears

8.3.32 ङमो ह्रस्वादचि ङमुण्नित्यम् । Doubling of ङम् nasal letter

8.3.34 विसर्जनीयस्य सः । Visarga + खर् → स् + खर् ।

8.3.35 शर्परे विसर्जनीयः । Visarga + खर् + शर् → Visarga does not undergo any change. Exception to 8.3.34 and also to 8.3.37

8.3.36 वा शरि । Visarga + शर् → Visarga is Optional. पक्षे सकार ।

8.3.37 कुप्वोः ᳵक ᳶपौ च । Ardha Visarga i.e. Jihvamuliya or Upadhmaniya appears.

8.3.55 अपदान्तस्य मूर्द्धन्यः । Internal स् to ष् cerebral.

8.3.56 सहेः साडः सः । For the Dhatu षह मर्षणे , we get the rupa सह् by sutra 6.1.64, and its word साड् → cerebral ष् i.e. षाड् ।

8.3.57 इणकोः । Governing Rule that states the following rules apply to conditions having इण् or कवर्ग letter as prior letter.

8.3.58 नुम्विसर्जनीयशर्व्यवाये अपि । स् to ष् , when इण् or कवर्ग precedes the सकार ।

8.3.59 आदेशप्रत्यययोः । when इण् or कवर्ग precedes the सकार of an आदेश or a प्रत्यय , the सकार changes to षकार ।

8.3.60, 8.3.61, 8.3.62 are also extensions to स्→ष् षत्वम्

8.4.1 रषाभ्यां नो णः । णत्वम् सन्धिः , न् changes to ण्

8.4.2 अट्कुप्वाङ्नुम्व्यवायेऽपि । Extensions न् changes to ण्

8.4.37 पदान्तस्य । Final न् does not change to ण् ।

8.4.40 स्तोः 6/1 श्चुना 3/1 श्चुः 1/1 । Change of स्त to श्च ।

8.4.41 ष्टुना ष्टुः । Change of स्त to ष्ट ।

8.4.42 न पदान्तात् टोः अनाम् । An exception to previous.

8.4.43 तोः षि । Exception to ष् + तवर्ग ।

8.4.44 शात् । Exception to श् + तवर्ग ।

8.4.45 यरोऽनुनासिकेऽनुनासिको वा । Final यर् + ञम्→ Final ञम् + ञम् । Optionally.

8.4.53 झलां जश् झशि । झल् + झश् → जश् + झश् ।

8.4.54 अभ्यासे चर् च । In the matter of अभ्यास, the portion of the duplicated letter during applying सन् affix.

8.4.55 खरि च । झल् + खर् →चर् + खर् ।

8.4.56 वाऽवसाने । When झल् letter is the last and ends in a sentence fullstop, it becomes चर् ।

8.4.58 अनुस्वारस्य ययि परसवर्णः । Any anusvara (पदान्त or अपदान्त) will be replaced by nasal of the following class consonant

8.4.59 वा पदान्तस्य । When final anusvara is followed by a यय् letter , then the परसवर्ण sandhi is optional

8.4.60 तोर्लि । तवर्ग + ल् → तवर्ग changes to ल् / लँ्

8.4.61 उदः स्थास्तम्भोः पूर्वस्य । Changes to स् of स्था and स्तम्भ ।

8.4.62 झयो होऽन्यतरस्याम् । Optional change to हकार ।

8.4.63 शश्छोऽटि । Optionally श् to छ् ।

8.4.65 झरो झरि सवर्णे । Optonal dropping of a सवर्ण झर् when two of these letters occur.

Maheshwar Sutras

माहेश्वराणि सूत्राणि are sounds that are a rearrangement of the Devanagari Alphabet for grammatical use. Present at the start of the Ashtadhyayi Sutrapatha.

1	अइउण्	All vowels = अच्
2	ऋऌक्	Simple vowels = अक्
3	एओङ्	Diphthongs = एच्
4	ऐऔच्	Semivowels = यण्
5	हयवरट्	All consonants = हल्
6	लँण्	ल्+अँ , No nasal for र्
7	ञमङणनम्	5th of row = Nasals = ञम्
8	झभञ्	4th of row = झष्
9	घढधष्	are all soft consonants
10	जबगडदश्	3rd of row = जश् (soft)
11	खफछठथचटतव्	1st and 2nd of row = खय् are all hard consonants
12	कपय्	
13	शषसर्	Sibilants (hard) = शर्
14	हल्	Aspirate is soft

Consonants have been written with अकारः solely for enunciation.

But the लँण् = ल् अँ ण् contains लकारः , anunasika Tag अँ, and a consonant Tag ण् ।

	The magic of Pratyahara			
1	अ इ उ ण्	All vowels = अच् letters	All vowels	Simple vowels
2	ऋ ऌ क्	Simple vowels = अक् letters		
3	ए ओ ङ्	Dipthongs = एच् letters		diphthongs
4	ऐ औ च्	Semivowels = यण् letters		
5	ह य व ट्	All consonants = हल् letters	All conso -nants	Aspirate & Semi vowels
6	ल ण्			
7	ञ म ङ ण न म्	5th of row = all Nasals = ञम् letters		nasals
8	झ भ ञ्	4th of row = झ ष् letters		Maha prana
9	घ ढ ध ष्	= are soft consonants		
10	ज ब ग ड द श्	3rd of row = ज श् letters (soft consonants)		Alpa prana
11	ख फ छ ठ थ च ट त व्	1st and 2nd of row = ख य् letters		1st and 2nd of row
12	क प य्	= are hard consonants		
13	श ष स र्	Sibilants are hard consonants = श र् letters		
14	ह ल्	Aspirate is soft consonant = ह् letter		

	Letters and Mouth Position and Breath		
1	अ इ उ ण्	Guttural, palatal, labial	Simple vowels
2	ऋ ऌ क्	Cerebral, dental	
3	ए ओ ङ्	Gutturo-palatal, gutturo-labial	diphthongs
4	ऐ औ च्	Gutturo-palatal, gutturo-labial	
5	ह य व र ट्	Guttural, dento-labial, dento-labial, dento-labial	Aspirate & अन्तःस्था:
6	ल ण्	dento-labial - अन्तःस्था:	
7	ञ म ङ ण न म्	Palatal, labial, guttural, cerebral, dental	nasals
8	झ भ ञ्	Palatal, labial	Maha prana
9	घ ढ ध ष्	Guttural, cerebral, dental	
10	ज ब ग ड द श्	Palatal, labial, guttural, cerebral, dental	Alpa prana
11	ख फ छ ठ थ च ट त व्	Guttural, labial, palatal, cerebral, dental, palatal, cerebral, dental	
12	क प य्	Guttural, labial	
13	श ष स र्	Sibilants – उष्माणः hot	
14	ह ल्	Aspirate – breathe in	

Pratyaharas

SN	Maheshwar Sutras	Pratyaharas	Count
1	अइउण्	अण्	1
2	ऋऌक्	अक् इक् उक्	3
3	एओङ्	एङ्	1
4	ऐऔच्	अच् इच् एच् ऐच्	4
5	हयवरट्	अट्	1
6	लँण्	अण् इण् यण् रँ	3
7	ञमङणनम्	अम् यम् ङम् ञम्	3
8	झभञ्	यञ्	1
9	घढधष्	झष् भष्	2
10	जबगडदश्	अश् हश् वश् झश् जश् बश्	6
11	खफछठथँचटतव्	छव् खँ	1
12	कपय्	यय् मय्झय् खय् चय् जय्	4
13	शषसर्	यर् झर् खर् चर् शर्	5
14	हल्	अल् हल् वल् रल् झल् शल्	6
		Basic Count of Pratyaharas =	41
Extended Count 41 + ③ = 44, with later grammarians = 46			

Effort of Uttering various Letters as in Passage of Air through throat glottis and Mouth cavity = बाह्य–प्रयत्न		
	बाह्य–प्रयत्न	
खर्	विवार , श्वास , अघोष	
हश्	संवार , नाद , घोष	
यण्	अल्प–प्राण	
1st, 3rd, 5th of row class	अल्प–प्राण	
शल्	महा–प्राण	
2nd ,4th of row class	महा–प्राण	

Effort of Uttering various Letters as in position of tongue within mouth = आभ्यन्तर–प्रयत्न		
Pratyahara	आभ्यन्तर –प्रयत्न	
झय्	स्पर्श स्पृष्ट	Tongue touches somewhere fully hence called fully Contacted
यण्	ईषत् स्पृष्ट	Tongue touches somewhere partially hence called partially Contacted
शल्	ईषत् विवृत	Tongue leaves partial Opening hence called partially Open
इच्	विवृत	Tongue leaves full Opening hence called Open
अकार अ only	संवृत	Tongue leaves half Opening hence called Half Open

The Sanskrit Alphabet

संस्कृत वर्णमाला

Sanskrit संस्कृत is written in the देवनागरी Devanagari script, whereas English is written in the Latin (or Roman) script.

अ आ इ ई उ ऊ ऋ ॠ ऌ ~~ॡ~~   ए ऐ ओ औ   अं अः   ॐ

<table>
<tr><td>क</td><td>ख</td><td>ग</td><td>घ</td><td>ङ</td><td rowspan="2">The Shiva Sounds</td></tr>
<tr><td>च</td><td>छ</td><td>ज</td><td>झ</td><td>ञ</td></tr>
<tr><td>ट</td><td>ठ</td><td>ड</td><td>ढ</td><td>ण</td><td rowspan="2">The Brahma Sounds</td></tr>
<tr><td>त</td><td>थ</td><td>द</td><td>ध</td><td>न</td></tr>
<tr><td>प</td><td>फ</td><td>ब</td><td>भ</td><td>म</td><td rowspan="2">The Vishnu Sounds</td></tr>
<tr><td colspan="2">य र ल व</td><td colspan="2">श ष स</td><td>ह</td></tr>
<tr><td colspan="2"></td><td>ळ</td><td colspan="2">ळ्ह</td><td>Vedic Sanskrit</td></tr>
<tr><td colspan="5">० १ २ ३ ४ ५ ६ ७ ८ ९</td><td>Numerals</td></tr>
<tr><td colspan="5">क्ष ज्ञ श्र</td><td>Conjunct letter</td></tr>
<tr><td colspan="6">Consonants written with the vowel अ for enunciation</td></tr>
</table>

The vowel long ॡ is not found in literature. It is given only in the alphabet, grammar books or in font sets. Hence crossed out.

Conjunct letterसंयुक्त अक्षर

क्ष , ज्ञ , श्र are not letters of the alphabet. Rather these are conjuncts that have become popular in writing.

Alphabet as Commonly Written

The Sanskrit alphabet is commonly written without a halant. Consonants cannot be uttered without a vowel. So in teaching, each consonant is supplied with the vowel अ , so that it can be uttered. Here are the 56 letters of the classical Sanskrit Alphabet.

20 Vowels

अआअ३ इईइ३ उऊउ३ ऋॠऋ३ ऌऌ३एऐए३ ओऔ ओ३

34 Consonants

क	ख	ग	घ	ङ
च	छ	ज	झ	ञ
ट	ठ	ड	ढ	ण
त	थ	द	ध	न
प	फ	ब	भ	म

यरलव

शषस ह

ळ

2 Ayogavahas

अं अः

Pronunciation of Sanskrit Letters

उच्चारणम्

अ son	आ father	इ it	ई beat	उ full	ऊ pool
ऋ rhythm	ॠ marine	ऌ revelry	ॡ		
ए play	ऐ aisle	ओ go	औ loud		

अं Anusvara is pure nasal – close the lips – simila to म्

अः Visarga is Breath release like ह् and preceding vowel sound

E.g. pronounce नमः as नमह , शान्तिः as शान्तिहि , विष्णुः as विष्णुहु ।

क seeK	ख Khan	ग Get	घ loGHut	ङ sing
च Chunk	छ catchhim	ज Jump	झ heDGEhog	ञ bunch
ट True	ठ anTHill	ड Drum	ढ goDHead	ण under
त Tamil	थ Thunder	द That	ध breaTHE	न nut
प Put	फ Fruit	ब Bin	भ abhor	म much
य loYal	र Red	ल Luck	व Vase	
श Sure	ष Shun	स So	Hum ह	

Conjuncts in general – first utter the top part and then the bottom one, e.g.

Bhagavad Gita 10.16 तिष्ठसि->ष्ठ ,

Bhagavad Gita 10.23 शङ्करश्चास्मि -> ङ्क , श् च

Specific Conjuncts

ह् ण = ह्ण , ह् न = ह्न , ह् म = ह्म

Utter with emphasis on the chest, first the nasal and then the aspiration, e.g. Brahma = ब्रह्म *Pronounce as **Bramha***

Place & Effort of Enunciation

Place of speech	Vowels स्वर		Row Consonants व्यञ्जन					Semi vowel	Sibilant
			Alpaprana		Mahaprana				
	Short	Long	1st	2nd	3rd	4th	5th		
कण्ठ	अ	आ	क	ख	ग	घ	ङ		
तालु	इ	ई	च	छ	ज	झ	ञ	य	श
मूर्धा	ऋ	ॠ	ट	ठ	ड	ढ	ण	र	ष
दन्त	ऌ		त	थ	द	ध	न	ल	स
ओष्ठ	उ	ऊ	प	फ	ब	भ	म		
Consonants are supplied with vowel अ to aid enunciation									

कण्ठ – तालु	ए ऐ	Diphthongs have twin places of utterance, being compound vowels
कण्ठ – ओष्ठ	ओ औ	
दन्त – ओष्ठ	व	The vakara is different from the other semivowels as it has twin places of utterance
नासिक्य	ं , अं	Anusvara is a pure Nasal
अनुनासिका	ँ , ॐ , यँ्	Candrabindu means Nasalization

कण्ठ Soft, Mahaprana	ह	Hakara is an Aspirate. It is sounded like a soft release of breath
	◌ः	Visarga is an Aspirate. It is sounded like ह along with its preceding vowel
Ardha Visarga ◌ः is also written as ᳵ		
Base of tongue Hard, Alpaprana	◌ः or ᳵ	Jihvamuliya pronounce as ह् (a visarga preceding क , ख)
ओष्ठ Hard, Alpaprana	◌ः or ᳵ or ᳶ	Upadhmaniya pronounce as फ् (a visarga preceding प , फ)

कण्ठ्य	तालव्य	मूर्धन्य	दन्त्य	ओष्ठ्य
Guttural or Velar	Palatal	Cerebralor Retroflex or Lingual	Dental	Labial

All vowels and semi vowels are termed voiced घोष वर्ण । This means that a background sound is produced from the tremor in the vocal cords in addition to the active sound produced in speaking. The 3rd, 4th and 5th letters of the row class consonants are also घोष वर्ण ।

The 1st and 2nd letters of the row class consonants, the sibilants and the aspirate are termed अघोष वर्ण । This means that no background sound arises from the tremor in the vocal cords.

All row consonants are termed स्पर्शवर्ण Tongue makes contact

- The unit of time for enunciation is a short vowel, having 1 matra.
- The long vowels and diphthongs have 2 matras.

- A consonant has only ½ matra and it is supplied with a vowel for proper enunciation.

VOWELS स्वर

Long Vowels are sounded twice as long as the short vowels.

DIPHTHONGS सन्ध्यक्षर (सन्धि – अक्षर) Are combinations of two vowels and are sounded long.

GUTTURALS कण्ठ्य (also known as VELAR)

Sounded from the throat with the tongue resting.

PALATALS तालव्य (soft palate)

Sounded with the tongue raised slightly.

CEREBRALS मूर्धन्य (also RETROFLEX or LINGUAL, hard palate)

Sounded with the tongue touching the roof of the mouth.

DENTALS दन्त्य

Sounded with the tongue distinctly touching the teeth.

LABIALS ओष्ठ्य

Sounded with the lips distinctly touching each other.

Mouth Positions – Corresponding letters

Aside ङ and ञ

Pronounce ङ by pinching your nose and uttering

Pronounce ञ with a smile

Consonants with Place of Enunciation in Mouth/Nose, Aspiration Quality Low/High, Stress Level, Effort Type Inner/Outer, Throat Opening Open/Close. SC = Soft Consonant = घोष Voiced, HC = Hard Consonant = अघोष Unvoiced.

व्यञ्जन	उच्चारण स्थान											
	कण्ठ	तालु	मूर्धा	दन्त	ओष्ठ							
						बाह्य प्रयत्न				आभ्यन्तर प्रयत्न		
						अल्प–प्राण	महा–प्राण	घोष SC	अघोष HC	स्पर्श, स्पृष्ट	ईषत् स्पृष्ट	ईषत् विवृत
स्पर्श, स्पृष्ट	क	च	ट	त	प	X			X	X		
	ख	छ	ठ	थ	फ		X		X	X		
	ग	ज	ड	द	ब	X		X		X		
	घ	झ	ढ	ध	भ		X	X		X		
अनुनासिक	ङ	ञ	ण	न	म	X		X		X		
अन्तःस्थः		य	र	ल	व	X		X			X	
ऊष्मन्		श	ष	श			X					X
ऊष्मन्	ह						X	X				X
Vedic			ळ			X			X	X		

Note – Place for वकार is supposed to be दन्त–ओष्ठ

Vowels स्वराः – ह्रस्वः Short, दीर्घः Long									
कण्ठः		तालव्य		ओष्ठः		मूर्धन्य		दन्त्य	
अ	आ	इ	ई	उ	ऊ	ऋ	ॠ	ऌ	
				अयोगवाह					
स्वराः Diphthongs				Anusvara		Visarga		Ardha	Candrabindu
कण्ठ–तालव्य		कण्ठ–ओष्ठः		नासिक्य pure nasal		कण्ठः , महाप्राण		कण्ठः , अल्पप्राण	Mouth and Nose
ए	ऐ	ओ	औ	अं	◌ं	अः	◌ः	ᳵ	अँ
Consonants व्यञ्जनानि									
कण्ठः		तालव्य		ओष्ठः		मूर्धन्य		दन्त्य	
क		च		प		ट		त	अल्पप्राण
ख		छ		फ		ठ		थ	महाप्राण
ग		ज		ब		ड		द	अल्पप्राण
घ		झ		भ		ढ		ध	महाप्राण
व्यञ्जनम् अनुनासिक अल्पप्राण Mouth and Nose Consonant Alpaprana									
कण्ठः		तालव्य		ओष्ठः		मूर्धन्य		दन्त्य	
ङ		ञ		म		ण		न	
व्यञ्जनम् अन्तःस्थः Semi Vowel									
		तालव्य		दन्त–ओष्ठः		मूर्धन्य		दन्त्य	
		य		व		र		ल	
व्यञ्जनम् ऊष्मन् Sibilant (Hot Hissing)									
		तालव्य				मूर्धन्य		दन्त्य	
		श				ष		स	
व्यञ्जनम् Aspirated									
कण्ठः									
ह									

Paniniya Shiksha

Shiksha Vedanga Science of Pronunciation

Sanskrit is a language that was orally passed on from generation to generation. There are many sections in the Vedas and later texts that tell about the letters of the alphabet and their proper intonation, enunciation and phonetics शिक्षा ।

Taittiriya Upanishad Shiksha Valli

शीक्षां व्याख्यास्यामः । वर्णः स्वरः । मात्रा बलम् । साम सन्तानः ।

इत्युक्तः शीक्षाध्यायः ॥ १.२(Chapter 1 Anuvaka 2)

Taittiriya Pratisakhya तैत्तिरीय प्रातिशाख्य

अथ वर्णसमाम्नायः ॥ १॥(Chapter 1)

स्वराः स्पर्शात् तथा अन्तःस्था ऊष्माणः च अथ दर्शिताः ।

विसर्ग_अनुस्वार_ळाः च नासिक्याः पञ्च च उदिताः ॥

Paniniya Shiksha पाणिनीय शिक्षा लघु पाठः / वृद्ध पाठः

आकाशवायुप्रभवः शरीरात् समुच्चरन् वक्त्रमुपैति नादः । १.१

Paniniya Shiksha पाणिनीय शिक्षा श्लोकात्मिका

अथ शिक्षां प्रवक्ष्यामि पाणिनीयं मतं यथा । १.१

The Rigved Pratisakhya ऋग्वेदप्रातिशाख्य and Vajasneyi Pratisakhya वाजसनेयी प्रातिशाख्य are also notable texts on शिक्षा ।

Utter each letter clearly and distinctly, with proper position of the tongue in the mouth. This is the aim of the Shiksha texts. It will take some time to practise and getting used to the correct method of reading a Sanskrit letter and text. However it is most rewarding, as our anatomy, bones and muscles are all connected to sound, the key aspect of the fundamental element space.

The Alphabet is composed of letters called वर्ण or अक्षर ।

Letters are of two types, स्वराः व्यञ्जनानि च । Vowels and Consonants.

Vowel	स्वर	स्वयं राजन्ते इति स्वराः ।	Spoken unaided
Consonant	व्यञ्जन	अन्वक् भवति व्यञ्जनम् ।	Cannot be uttered unaided
Row class consonant	क् to ङ् च् to ञ् ट् to ण् त् to न् प् to म्	कवर्ग – कण्ठ–स्थान चवर्ग – तालु–स्थान टवर्ग –मूर्धा–स्थान तवर्ग –दन्त–स्थान पवर्ग – ओष्ठ–स्थान	
Alternate Name for row class consonant	उदित् = कु, चु, टु, तु , पु		
Names for Letters. Pointing out a specific Letter	वर्णात्–कारः	e.g. अ is called अकार , क is called ककार ,etc.	However the र् has a special name रेफ repha
Contacted consonant	स्पर्श	कादयः आ म्– अवसानाः स्पर्शाः ।	From क् till म् are Contacted
Semivowel consonant	अन्तःस्थ	यणः अन्तःस्थाः ।	Pratyahara यण् gives semivowels
Hot Consonant	ऊष्म	शलः ऊष्माणः ।	Pratyahara शल् gives sibilants and हकार

Ayogavaha Letters	अयोगवाह	अनुस्वार, विसर्ग, जिह्वामूलीय, उपध्मानीय	Cannot exist without other letters
Anusvara	अनुस्वार	अं , अः इति अचः परे अनुस्वार–विसर्गौ ।	After vowels, the अं and अः
Visarga	विसर्ग		
Jihvamuliya	जिह्वामूलीय	ᳵक , ᳵख इति कखाभ्यां प्राक् अर्ध–विसर्गः सः जिव्हामूलीय	Visarga before क् , ख् is ArdhaVisarga known as जिव्हामूलीय
Upadhmaniya	उपध्मानीय	ᳵप , ᳵफ इति पफाभ्यां प्राक् अर्ध–विसर्गः सः उपध्मानीय	Visarga before प , फ is ArdhaVisarga known as उपध्मानीय
Sequence of letters in a word	आनुपूर्वी	e.g. राम = र् आ म अ ।	Very necessary to split words into letters to correctly apply Sandhi rules.

References

Author	Title	Ed.	Year	Publisher
KLV Sastry & Anantarama Sastri	Sabda Manjari Reprint - 2013	1st	1961	RS Vadhyar & Sons, Palghat.
Pushpa Dikshit	शीघ्रबोध – व्याकरणम्	2nd	2017	Pratibha Prakashan, New Delhi
Ashwini Kumar Aggarwal	Dhatupatha of Panini	2nd	2017	Devotees of Sri Sri Ravi Shankar Ashram, Punjab
	The Sanskrit Alphabet	1st	2017	
	Maheshwar Sutras Pratyaharas	1st	2018	
	Sanskrit Sandhi Handbook	1st	2019	

Online Links

http://bhagavadgita.org.in/declension

https://spokensanskrit.org/

http://sanskrit.uohyd.ac.in/scl/#

https://www.sanskritworld.in/index/Sanskrittool

http://sanskrit.jnu.ac.in/index.jsp

http://sanskrit.segal.net.br/

Epilogue

The study of Sanskrit grammar is a rewarding experience and it is amply enriched by a good working knowledge of Noun spellings. This is an absolute must for understanding the plethora of Vedic and classical literature, Bhagavad Gita, Ramayana, Mahabharata, Upanishads, when read in the original.

सर्वे भवन्तु सुखिनः । सर्वे सन्तु निरामयाः ।

सर्वे भद्राणि पश्यन्तु । मा कश्चिद् दुःख भाग्भवेत् ॥

ॐ शान्तिः शान्तिः शान्तिः॥

When faith has blossomed in life, Every step is led by the Divine.

Sri Sri Ravi Shankar

Om Namah Shivaya

जय गुरुदेव

www.ingramcontent.com/pod-product-compliance
Lightning Source LLC
Chambersburg PA
CBHW062137160726
48282CB00027B/851
9789353916237